大展好書　好書大展
品嘗好書　冠群可期

大展好書　好書大展

品嘗好書　冠群可期

輕鬆學武術 14

四十二式太極劍
競賽套路分解教學

（附 DVD）

合肥市武術協會　主編

徐淑貞　張薇薇　編寫

張薇薇　演練

大展出版社有限公司

出版說明

「太極劍競賽套路」係國家體委武術研究院組織專家，繼創編「四式太極拳競賽套路」和「太極拳競賽套路」之後，又編製的一種套路。此套路編寫組的組長爲張山，成員有計月娥、李秉德、曾乃梁、闞桂香，由門惠豐等15人技術審定，已由人民體育出版社出版。

競賽套路的推廣，對武術競賽的規範化、對武術運動的普及和提高起了積極的促進作用。合肥市武術協會在開展群眾性武術健身活動中做出了卓著的貢獻，教練員們在市民群眾中言傳身教，勇於探索，積累了豐富的經驗，在分解教學方法上有所發展。與此同時，現代電子製版技術應用於圖書印製工藝，爲武術圖書的圖片水平和合理版式提供了改革創新的有利條件。這就使我們萌生了組織編寫出版一套新型的武術教學讀物的思路。

《四十二式太極劍競賽套路分解教學》嚴格遵照國家體委武術研究院的要求，參照傳統太極武功的功理和教學第一線的實踐經驗來編寫。

對每個定式動作進行了精當的分解，每個分解動作配置有準確而清晰的照片以及步法方位平面圖；所有說明文字都按運動過程、動作要點、注意事項、呼吸和攻防含義的順序逐條分述。

各分解動作的照片均以演練人起勢面向正南方時，從正

南方拍攝，必要時增加攝自北方的照片爲輔，務使易學易記，一目了然。

本書編寫過程中，獲得合肥市武術院院長助理劉鳳珍老師的大力支持，她爲全稿進行了整理謄清，謹此致謝。

希望本書在當前推動群衆性武術健身活動的開展中能發揮應有的作用。

安徽科學技術出版社

作者簡介

　　徐淑貞，上海人，1939年生。合肥市業餘體校武術高級教練員，國際級裁判員。現任中國武協委員，裁判專委會成員；安徽省武協副主席，裁判委員會副主任；合肥市武協主席兼秘書長，合肥市武術院院長。

　　自幼隨父、上海武術名家徐文忠習武。1958年進安徽省體委武術隊接受系統訓練，1970年獲全國女子組劍術冠軍、七項全能第二名、槍術第四名、拳術第三名、表演一等獎等。

　　1974年起擔任武術教練，帶隊參加省級比賽，先後共獲金牌100餘枚，在第三至八屆省運會比賽中連續獲團體總分第一。培養出大批優秀運動員，在全國比賽中屢獲金牌，其中賈平6次獲全國冠軍和亞洲冠軍。

　　爲享受國務院津貼的有貢獻武術專家，曾隨國家代表團出訪日本、馬來西亞、韓國等。

演練人簡介

張薇薇，女，出生於1957年，漢族。自幼隨父張品元、母徐淑貞習武。少年時代曾多次參加武術表演比賽，1996年在安徽省太極拳劍錦標賽獲女子乙組42式太極劍第一名、42式太極拳第一名。2001年3月在首屆世界太極拳健康大賽獲24式太極拳一等獎、孫氏太極拳二等獎；1999年被合肥市人民政府授予群眾體育先進個人稱號；1998年在安徽省太極拳、木蘭劍（扇）錦標賽擔任裁判工作；1999年在安徽省太極拳（劍）錦標賽擔任裁判工作；2001年在安徽省太極拳、劍及木蘭系列比賽中擔任裁判工作；2002年在廬山舉辦全國武術木蘭比賽中擔任裁判工作；2003年在安徽省太極拳、劍及木蘭系列比賽中擔任裁判工作；2004年在合肥市第八屆運動會武術比賽中擔任裁判工作；2004年在安徽省第一屆體育大會暨全省太極拳（劍）木蘭系列比賽中擔任副裁判長；2005年在安徽省太極拳、劍及木蘭系列比賽中擔任副裁判長；2005年在安徽省首屆傳統武術比賽中擔任裁判工作；2005年5月作為安徽省領隊帶隊參加全國武術太極錦標賽並取得優異成績；2006年在合肥市舉辦的安徽省太極拳、劍及木蘭系列比賽中擔任仲裁委員會副主任；2007～2008連續兩年在安徽省舉辦的太極拳、劍及木蘭系列比賽中擔任裁判長；2007年在江蘇太倉、2008年在浙江德清舉辦的全國木蘭系列比賽

中擔任裁判工作；2007～2008連續兩年在合肥市舉辦的傳統武術比賽中擔任總裁判長；2008年在合肥市第九屆運動會武術比賽中擔任總裁判長；2006～2008年作爲合肥市武術段位評審委員會成員參加段位評審工作；2006～2008年連續三年在香港國際武術比賽中擔任裁判工作；2007年被評爲武術七段稱號。

1986年擔任合肥市武術協會領導工作，多次組織協調合肥市及安徽省運動會開幕式大型武術表演。2006年武術協會改選，再次當選合肥市武協副主席、兼副秘書長主持日常工作，參與合肥市武術協會主編多部武術專著的編寫工作及演練動作照片拍攝。並擔任合肥市英傑文武學校常務副校長。

前　言

中華武術歷史悠久，源遠流長，博大精深，浩如煙海。在數千年中華民族的文明史中，中華武術在增強國民體質、防身健體、振奮民族精神方面起著重要作用，是我國寶貴的民族文化遺產。

太極拳是以太極原理立論的武術主要拳種之一。最早傳習於河南溫縣陳家溝陳王廷。他綜合各家拳術之長，以戚繼光《拳經》爲基礎，博取古代導引、吐納術以意行氣、以氣健身的方法，同時還採納了古代陰陽學說和中醫經絡學說，使拳理與哲學、醫學相結合，進一步創新和發展了太極拳運動。

太極拳在長期流傳中，逐步形成陳式、楊式、吳式、武式、孫式各流派。各流派的太極拳雖然風格各異，但基本要領均相同，都要求：靜心用意，氣沉丹田，呼吸自然，中正安舒，柔和緩慢，連貫協調，虛實分明，輕靈沉著，剛柔相濟，圓活穩健，動作處處走弧線，以腹式呼吸爲主。在技法上主張避實就虛，以逸待勞，以靜制動，常常是借力打力，後發先至，有「四兩撥千斤」之奧妙。

中華人民共和國成立以後，黨和政府十分重視武術運動的發展，自1953年起組織力量相繼編寫了二十四式太極拳、四十八式太極拳、八十八式太極拳和三十二式太極劍等套路；1988年起，爲了適應國內外武術競賽的需要，國家

體委武術研究院組織力量編寫了四十二式《太極拳競賽套路》、四十二式《太極劍競賽套路》，以及分別具各派風格的陳、楊、吳、孫四式的太極拳競賽套路，使太極拳運動的發展更加規範化、系統化和科學化。

隨著武術運動的普及和發展，太極拳越來越受到人們的青睞。它不僅能夠鍛鍊身體，增強體質；同時能陶冶性情，培養堅忍頑強、勇敢奮進的意志；還可以豐富群眾的文化生活，給人以美的享受。

合肥市武術協會成立於1979年，經過20多年的發展壯大，已成爲安徽省先進的武術協會之一，多次受到省體委的表彰。下屬的武術輔導站已從初期的幾個發展到50多個，參加活動的人數已由初期的數百人發展到現在的近萬人。在普及太極拳的教學與輔導過程中，我們培養出一大批德技兼備的優秀輔導員、教練員、運動員，在國際、國內和全省太極拳比賽中屢有令人矚目的成績，並且爲合肥市人民健身活動作出了貢獻。

爲了全面總結我們在太極拳（劍）教學中積累的成功經驗和有效的教學方法，以便更加規範我們的教學內容，進一步提高教練員水準，並給廣大太極拳愛好者提供在課外復習和自修的翔實而有針對性的輔導材料，我們下決心編好這套既準確實用又易學易記的武術教材。

這套教材在嚴格遵照國家體委中國武術研究院編寫的各式太極拳（劍）套路規定要求的前提下，充分吸收我們在群眾性教學中，對各定式的最明確的分解和最有效的教學方法，將解說內容分項逐條解說清楚。

爲了給讀者提供最眞實生動的形體變化示範，我們組織

四十二式太極劍競賽套路分解教學

在這些套路的全國性比賽中的優勝者擔任演練員，爲每一分解動作配置了生動的照片；並運用現代電腦製版技術將照片與表示動作運行方向的弧線結合起來。考慮到下盤的準確移動是全身運轉正確、分清虛實的根基，很多分解動作還配置了兩足位置和移動變換方向的示意圖，爲讀者自行琢磨、糾偏提供了指導。

爲了確保這套叢書的編寫品質，合肥市武協組織富有武術理論和教學經驗，並有較好文字表達能力的教練員組成本叢書的編審委員會。編審委員會成員有：徐淑貞（主編）、吳兆祥、吳丹江（副主編）及張自山、張家本、熊人澤、王信和、徐少農、常青共9人。由編審委員會確定各分冊的編寫人、演練人，並集體審定文稿和圖片。

限於水準，書中難免有疏漏之處，尚望武術同道和廣大讀者不吝指教，以便今後修訂完善。

　　　　　　　　　　　　　　　合肥市武術協會

四十二式太極劍競賽套路分解教學

目　錄

本書圖例

〔步法方位示意圖〕

⬭ 左足著地

⬭ 右足著地

⬭ 左足前掌著地（虛步）

⬭ 右足前掌著地（虛步）

U 足跟著地

○ 提腿懸足

▲ 丁步，足尖著地，尖頭表示足尖方向

△ 收腳而不著地，尖頭表示足尖方向

↓⌝ 示擺腳、扣腳或踺腳

〔照　片〕

┄┄→ 示左足或左手移動路線

──→ 示右足或右手移動路線

劍的各部位名稱

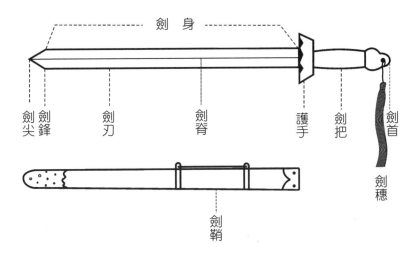

劍身 指護手到劍鋒的全長。劍尖又叫劍鋒，即劍前端尖銳部位。

劍刃 指劍身兩側鋒利邊緣，其中上三分之一部分的劍刃為上刃，中三分之一為中刃，下三分之一為下刃。

劍把 指護手後部手握之處，又稱劍柄。

劍首 指劍把的後端，又叫劍鐏。

劍脊 指劍身中間凸起的直線。

護手 劍身和劍把中間部位，攻防中用以護手，又叫劍格。

劍鞘 裝劍的外殼。

劍穗 是劍的裝飾品。

太極劍的特點

太極劍，屬於太極拳器械套路之一，歷史悠久，流傳較廣，有一定的群眾基礎。太極劍劍式比較開闊舒展，姿勢大方美觀。

它主要的特點之一，是柔和纏綿，端莊穩健，在動作上沒有明顯的忽快忽慢現象或快速的斬刺，每一式都要自然用力，不拘不僵，不用拙力。

特點之二，是動作虛實變化，過渡轉換都要求緊密銜接，動靜相間，沒有明顯的間歇狀態。在演練中式式聯結，節節貫串，上下相隨，前後連貫。

特點之三，是劍法清楚，動作整潔，姿勢開闊，大方美觀。在演練中不論劍法的前後變化，開合屈伸，講究似斷勁不斷，若停意不停，內外相顧，攻防相兼，纏綿協調，氣勢飽滿。習練太極劍對人體有調節呼吸、促進血液循環、強健筋骨等一系列強身保健作用。

新編的太極劍競賽套路，全套共有42個動作名稱，其中包含了18種主要劍法，5種主要的步型，3種平衡，3種腿法和3個不同的發勁動作。此套路既保留了傳統太極劍的風格特點，又有所創新；內容充實，動作規範，結構嚴謹，編排新穎，佈局合理，組別與數量和時間均符合競賽規則的要求，已成為國內外比賽的項目之一。

練習時對身體各部位、精神意念
和劍法的要求

一、對身體各部位的要求

頭部，頭頸要自然豎直，不可有前俯後仰、左傾右歪的現象；下頦微收，舌舔上腭，口自然含閉，面部表情要自然；頭部的轉動方向應隨全身動作轉換與軀幹的旋轉方向協調一致。

身軀要端正安舒，不要左右搖擺、挺胸僂胸；應做到補袒胸舒背；尾閭鬆垂，避免臀部外凸；肩要鬆沉，臂要自然開合；動作轉換一定要以腰為軸心，各部位密切配合，保證動作的圓活，避免僵硬。

下盤是上肢動作的基礎，它關係著周身的穩定和姿勢的正確性。腿部動作首先是胯關節和膝關節都要放鬆，兩腿間重心的移動應注意虛實分明，虛腿也要有支撐作用。力求達到虛實相濟，相輔相成，切忌腿底輕飄無根，造成站立不穩。腿的移動要輕起輕落，先虛後實，才能體現輕靈沉穩。

二、對精神意念的要求

練習時精神要集中，要排除雜念，情緒飽滿，神態自然，把精力集中到細小動作中去。

眼神隨動作的變化而轉換視線。要以意識引導動作，

四十二式太極劍競賽套路分解教學

19

意領神隨，神到劍至，動作自然輕靈。

三、劍法的要求

劍法的構成，一招一式都不是隨意地直來直去，而是透過不同的弧線的迂迴運行過程、反覆環繞，才完成一個劍法的姿勢動作。

所以說，學習動作不可草率馬虎或雜亂無章，一定要細心琢磨迂迴環繞線路在技術上的來龍去脈，它包含著聲東擊西、避實就虛、先化後發、順勢制敵等戰術意識，是防中寓攻、攻防兼備的戰略體現。

對於運動路線和劍術的基本要求一定要確切掌握，不可含糊不清。對於力點更要切合實際，要掌握分寸。各式的造型形象要逼真。要做到劍勢分明，不可盲目亂畫。只有這樣長期練習，才可達到精益求精，盡劍技之長。

四十二式太極劍競賽套路分解教學

勘誤表	
	10914
頁碼	更正
21頁~22頁	弓步與仆步的圖對調 馬步與虛步的圖對調

太極劍基本動作要求

一、手　型

劍　指

中指與食指伸直併攏，其餘三指屈於手心，拇指壓在無名指第一指節上。

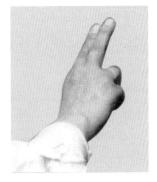

劍　指

掌

五指微屈分開，掌心微含，虎口成弧形，手指不可僵直，也不可過於彎曲。

二、步　型

弓　步

前腿全腳著地，腳尖朝前，屈膝前弓，膝部不得超過腳尖，後腿自然伸直，腳尖斜向前方，全腳著地，兩腳橫向距離10～30公分。

掌

弓　步

馬 步

兩腳左右開立，約為腳長的3倍；腳尖正對前方，屈膝半蹲。

虛 步

一腿屈膝下蹲，全腳著地，腳尖斜向前，約45°；另一腿微屈，以腳前掌或腳跟點於身前。

馬 步

虛 步

仆 步

一腿屈膝全蹲，膝與腳尖稍外展；另一腿自然伸直，平鋪接近地面，腳尖內扣，兩腳著地。

歇 步

兩腿交叉屈膝半蹲，前腳尖外展，全腳著地；後腳尖朝前，膝部附於前腿外側，腳跟離地，臀部接近腳跟。

仆 步

歇 步

丁 步

一腿屈膝半蹲，全腳著地；另一腳屈膝，以腳前掌或腳尖點於支撐腿內側。

平行步

兩腳分開，腳尖朝前，屈膝下蹲，兩腳外緣同肩寬。

獨立步

一腿自然直立，支撐站穩；另一腿在體前或體側屈膝提起，高於腰部，小腿自然下垂。

丁 步　　　　　平行步　　　　　獨立步

三、步 法

上 步

後腳向前上一步，或前腳向前上半步，腳跟著地。

上 步

退　步

前腳後退一步，腳掌著地。

撤　步

前腳或後腳退半步，腳掌著地。

蓋　步

一腳經支撐腳前橫落步。

退　步　　　　　撤　步　　　　　蓋　步

跳　步

前腳蹬地跳起，後腳前擺落地。

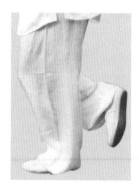

跳　步（一）　　　　　跳　步（二）

擺　步

上步落地時腳尖外擺，與後腳成八字形。

扣　步

上步落地時腳尖內扣，與後腳成八字形。

跟　步

後腳向前跟進半步，腳掌著地。

| 擺　步 | 扣　步 | 跟　步 |

蹍　步

以腳跟或腳掌為軸，腳尖或腳跟外展和內扣等。

提　步

後腳向前收步，提至左、右腳踝內側，腳尖微離地。

蹍　步　　　　　　　　　　　提　步

叉 步

一腳經支撐腳後橫落步，腳掌著地，腳跟提起。

叉 步

四、腿 法

蹬 腳

支撐腿微屈站穩；另一腿屈膝提起，勾腳，以腳跟為力點慢慢蹬出，腿自然伸直，腳高過腰部。

分 腳

支撐腿微屈，另一腿屈膝提起。然後小腿上擺，腿自然伸直，腳面展平，高過腰部。

擺 腿

支撐腿微屈站穩；另一腿由所在側向對側經胸前呈扇形向外擺動，腳面展平，不得低於肩。

蹬 腳

分 腳

擺 腿

震 腳

支撐腿微屈，另一腿提起，向支撐

腳內側下落，全腳掌向地面踏震，隨即支撐腳提起再出步，勁須鬆沉。

後舉腿

支撐腿微屈站穩，另一腿在身後向異側方屈舉，腳面自然展平，腳掌朝上；上體稍側傾，並向舉腿方向擰腰。

震　腳

後舉腿

五、劍　法

點　劍

立劍，提腕，使劍尖由上向前下點擊，臂自然伸直，力達劍尖下峰。

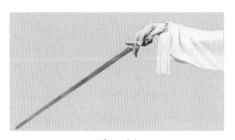

點　劍

削　劍

平劍，自對側下方經胸前向同側前上方斜出，手心斜向上，劍尖略高於頭。

削　劍

劈　劍

立劍，自上向下為劈，力達劍身。掄劈劍則須將劍掄一立圓，然後向前下劈。

劈　劍

崩　劍

立劍，沉腕，使劍尖向上，發力於腕，力達劍峰。

崩　劍

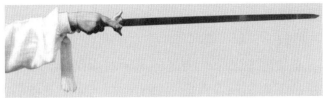

刺　劍

刺　劍

　　立劍或平劍，向前直出為刺，力點達劍尖，臂與劍成一直線。平刺劍，高與肩平；上刺劍，劍尖高與頭平；下刺劍，劍尖高與膝平。探刺劍，臂內旋使手心朝外，經肩上側向前上方或下方立劍刺出。

下刺劍

撩　劍

　　立劍，由下向前上方提劍為撩劍，力達劍身前部。正撩劍，前臂外旋，手心朝上，貼身弧形撩出。反撩劍，前臂內旋，其餘同正撩劍。

正撩劍

反撩劍

攔　劍

左攔劍，立劍，臂內旋，由左下向右前方斜出，腕與頭平，劍尖朝左前下，力達劍刃。右攔劍，立劍，臂外旋，由右下向左前方斜出，劍尖朝右前下，其餘同左攔劍。

右攔劍

掛　劍

立劍，劍尖由前向下，向同側或另一側後方貼身掛出，力達劍身前部。

托　劍

立劍，劍身平置，由下向上為托，手心朝裏，腕與頭平，力達劍身中部。

掛　劍

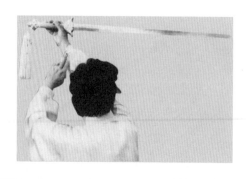

托　劍

絞 劍

自胸前逆時針向前畫弧一周，再收於胸前，手心朝上，劍尖朝前，力達劍身前部。

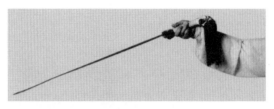

絞 劍

壓 劍

平劍，手心朝下，力向下為壓，劍尖朝前。

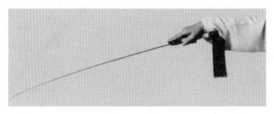

壓 劍

雲 劍

平劍，在頭前上方平圓繞環為雲。

上雲劍

抹　劍

平劍，從一側經體前弧形向另一側回抽為抹，腕與胸平，劍尖朝對側前方，力達劍身。

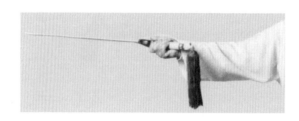

平抹劍

截　劍

劍身斜向上或斜向下為截，力達劍身前部。上截劍斜向上，下截劍斜向下，後截劍斜向後下方。

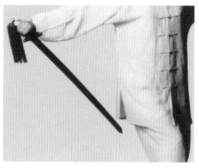

下截劍

帶　劍

平劍，由前向左或右屈臂回抽為帶，腕高不過胸，劍尖斜朝前，力達劍身。

帶　劍

斬　劍

平劍，向右橫出，高度在頭與肩之間為斬，力達劍身。

斬　劍

架　劍

立劍，橫向上為架，劍高過頭，力達劍身，手心朝下截劍帶劍外。

架　劍

穿　劍

平劍，從右向左側後或向後立劍穿出，高度在胸腹或膝下之間穿出，力達劍身。

穿　劍

抽　劍

立劍，旋臂屈肘向後抽帶，力達劍身。

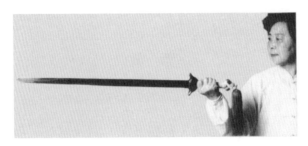

抽　劍

提　劍

立劍，臂內旋向後向上至耳旁倒提，力達腕部至劍身。

推　劍

立劍，扣腕向前直出為推，力達劍身。

提　劍

推　劍

捧　劍

　平劍，向胸腹回帶至腹前，左掌在劍柄下方托起為捧，力達劍身。

捧　劍

接　劍

　立劍，回抽時左掌接握劍柄，為接劍法。

持　劍

　立劍，左手握劍，貼於左臂肘關節處，劍身垂直。

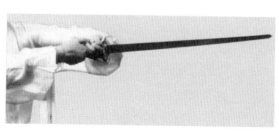

接　劍

持　劍

預　備　式

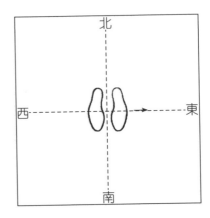

　　兩腳併攏，腳尖朝前，身體直立。兩臂自然垂於身體兩側，左手持劍，手心朝後，劍身豎直貼靠在左肘後面。目視前方。

　　頭頸自然豎直，下頜微內收，暢胸舒背，保持自然，兩肩要自然鬆沉，精神要集中。不可歪頭，前俯後仰，不可挺胸收腹，不可聳肩、散神，劍不可觸及身體，持劍手的拇指不可扣壓在劍刃上。

　　呼吸自然。

　　【攻防用意】以靜制動。

第一段
一、起 勢
（一）左腳開步持劍

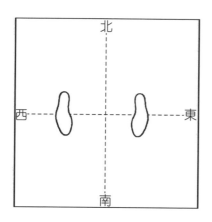

北

西 ---- 東

南

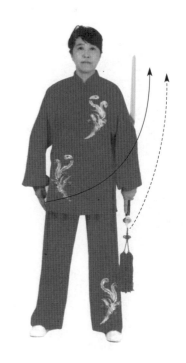

　　重心移至右腳；左腿微屈膝提起，向左橫邁步，腳尖落地，隨著重心左移，左腳跟踏實，兩腳尖向前，與肩同寬，身體重心落在兩腿之間。右手變劍指。目視前方。

　　保持上身原有姿勢，自然站立，劍身不可觸及身體，精神要集中。邁步時抬腿不可過高，要注意重心的移動，上體不可歪斜或失去重心。

　　提腳出步為吸氣，落步為呼氣。

　　【攻防用意】以靜制動。

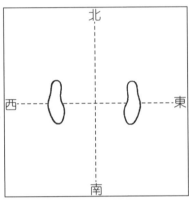

　　上體微左轉約45°。同時兩臂從兩側緩緩向左斜前方擺舉，與肩同高，兩手心均向下。目視左斜前方。

　　轉體時兩臂要同時協調配合，緩慢弧形擺起，動作放鬆自然，身型不變與起勢時一樣。轉體時幅度不要過大，兩臂擺舉不要過直，要自然放鬆，身體不可僵硬挺直。

　　吸氣抬臂。

　　【攻防用意】設對方自左側襲擊，我即轉腰抬臂格擋化解。

第一段
一、起 勢
（三）轉體右臂畫弧

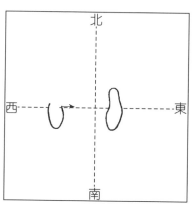

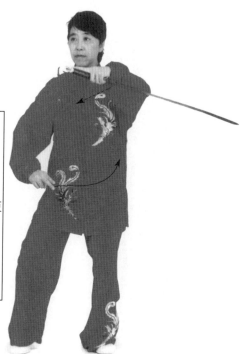

重心右移，上體微右轉，右臂向右畫弧；重心左移，提右腳跟。右劍指擺至體前向下畫至右腹前，同時左手向右畫弧至左耳前方。目視右前方。

左右移動重心時要與上體動作配合協調一致。動作隨腰轉動，兩臂成弧形，眼神隨劍指而視。不要扭腰歪胯、凸臀。

轉腰畫弧為呼氣。

【攻防用意】設對方向我右側擊來，我即轉腰用右指化解，收至腹前。

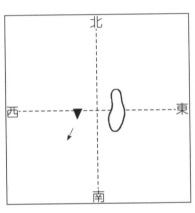

　　上體略向左轉，左腿屈膝半蹲；右腳收提至左腳內側，成丁步，腳尖觸地。同時右臂繼續畫弧至腹前，手心斜朝上；左手持劍向右擺至體前屈肘抱劍，腕與肩平，手心向下。目視右斜前方（約45°）。

　　畫弧動作要和重心移動相結合，兩肩要鬆沉，暢胸舒臂，意念要集中。不要夾臂、挺胸、凸臀，身體要自然中正。

　　丁步抱劍為吸氣。

　　【攻防用意】攻防上，右斜方是空門，為防對方攻擊，故右臂準備向右擺舉化解；左手抱劍，準備進攻。

第一段
一、起　勢
（五）右腳斜前上步

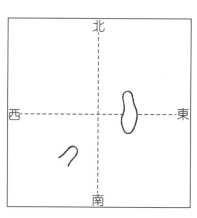

　　提右腳向右斜前方上步（約45°），腳跟著地。同時右劍指向右側上方畫弧擺舉，手心斜朝上，劍指朝上；左手握劍向右下畫弧至右臂內側，手心朝斜下，劍尖向斜下。目視右斜前方。

　　左腿支撐；右腳上步要控制重心，落步要輕，要沉穩。上步時注意動作不要失重心，不要有起伏，要用下肢力量控制全身動作鬆沉，不要扭腰、歪胯、塌腰、僵硬。

　　上步為呼氣。

【攻防用意】下肢踏入中門準備進攻。

四十二式太極劍競賽套路分解教學

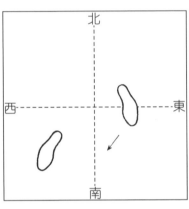

重心前移，右腿屈膝前弓；左腿蹬直，成右弓步。同時右手劍指繼續向前上方擺舉，臂微屈，腕同肩高，手心斜朝上；左手持劍附於右前臂內側（劍柄在右前臂上方），手心朝下。目視右手。

上肢動作要與重心移動協調配合。上體要保持中正安舒，不可左右搖擺，兩肩要鬆沉，兩臂不可僵硬伸直，不可歪胯，凸臀。

弓步上托掌為呼氣。

【攻防用意】前移重心，右手隨即向斜上擺舉化解對方動作。

四十二式太極劍競賽套路分解教學

42

第 一 段
一、起 勢
（七）跟步丁步托指

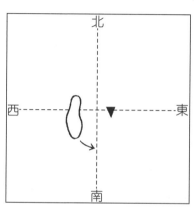

重心前移至右腿，左腳提起收至右腳內側，腳尖點地。同時右劍指繼續向前伸送；左手持劍屈肘下沉於胸前，手心朝下。目視劍指方向。

移動重心與跟步要協調配合，上體保持中正，安舒，不得前俯後仰。不可起伏凸臀、挺胸，兩臂不可僵硬。

丁步托指為吸氣。

【攻防用意】跟步進攻。

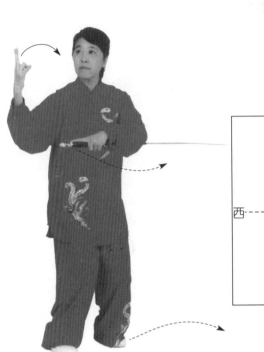

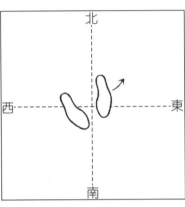

北

西 — — — 東

南

　　重心後移至左腿；右腳尖內扣，身體左轉（約90°），同時右手劍指曲肘；左手持劍下沉畫弧於右胯旁，手心斜向左，劍身斜直。目視前方。

　　重心移動中身體不要起伏，不要凸臀，上肢不要僵硬，身體需中正安舒。

　　扣腳轉體為自然呼氣。

　　【攻防用意】設對方向左側進攻，我即轉腰準備進攻。

第一段
一、起　勢
（九）上步摟劍

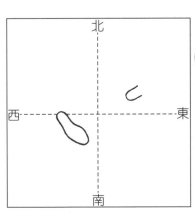

　　上體左轉（約45°），左腳向左前方上步，腳跟著地。同時右劍指屈肘置耳旁；左手持劍向左畫弧至腹前，手心斜向左，劍身斜直。目視前方。

　　轉體時身體不要有起伏，上步要輕靈，沉穩上肢要配合協調。

　　邁步時呼吸。

　　【攻防用意】設對方向我腹前刺來一劍，我以劍柄下落格開來劍，隨即搶對方中門以備進攻。

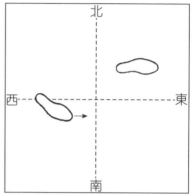

重心前移，左腿屈膝前弓，右腿自然蹬直成左弓步。同時左手持劍畫弧經膝前向左摟至左胯旁，左臂微屈，手心朝後，劍身豎直，貼靠於左肘旁，劍尖朝上；右手劍指屈肘經右耳旁向前指出，手心朝前。指尖朝上，腕與肩高。目視前方。

上下動作要與重心移動配合協調一致，上體要保持中正安舒，兩肩要鬆沉，不可聳肩，僵臂。

弓步摟劍為自然呼氣。

【攻防用意】設對方向身前進攻，我即用左手劍格擋，右手向對方胸喉之間指出。

第一段
二、併步點劍
（一）收腳提步提劍

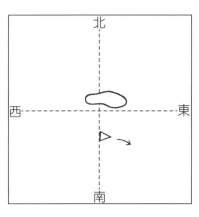

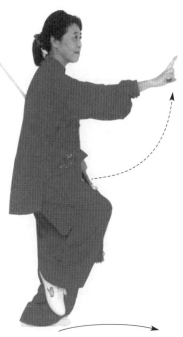

　　重心前移至左腿；右腳隨即收提至左腳內側（腳不點地）。同時左手持劍上提至左腰側前。目視前方。

　　移重心時上體不要有起伏、前俯。不要凸臀。

　　提步時自然吸氣。

　　【攻防用意】設對方向我右側進攻，我即跟進一步，準備進攻。

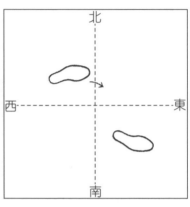

　　上體微右轉，右腳向斜前（約45°）上步，重心前移；右腿屈膝前弓，左腿自然蹬直，成右弓步。同時左手持劍經胸前向右前臂上方穿出至右腕上（劍柄貼靠右腕），手心均朝下。目視前方。

　　弓步時不能塌腰，穿劍時兩臂呈弧形，不要直臂、僵硬，動作要自然，兩肩要鬆沉，不要聳肩。上體中正安舒，不要前俯後仰。

　　邁步時自然呼氣。

　　【攻防用意】以左劍柄化解對方襲擊。

第 一 段
二、併步點劍
(三)提步雙手畫弧

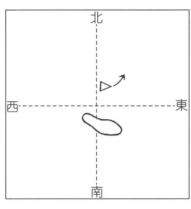

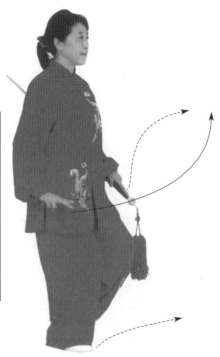

　　重心前移，收左腳提至右腳內側。同時兩手向左右兩側屈肘向下畫弧置胯旁，手心均朝下，右手劍指斜向左前。目視前方。

　　在擺舉畫弧時動作不要停頓，要與收步協調一致。不可聳肩、拱背、凸臀。

　　提步時自然吸氣。

　　【攻防用意】設對方向我腹部擊來，我用雙手下按化解對方。

　　體微左轉（約45°），左腳向左斜前方上步，腳跟著地。同時兩手旋臂從兩側向前畫弧擺舉，雙手略高於肩後向前畫弧於體前相合；左手持劍在外，高於胸齊，手心朝外，劍身貼靠左前臂，劍尖斜朝後。目視前方。

　　劍畫弧要與上步要協調一致，同步到位。不可聳肩，兩臂要鬆沉。不能凸臀、抬臂。

　　轉體出步為呼氣。

　　【攻防用意】上步從兩側向對方進行襲擊。

第一段
二、併步點劍
（五）弓步抱劍

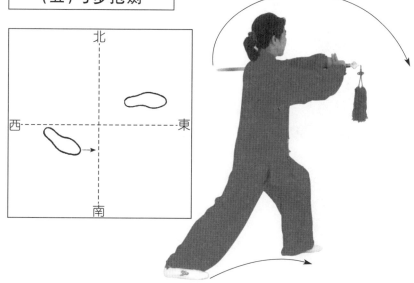

　　重心前移，左腿屈膝前弓；右腿自然蹬直，成左弓步。同時雙手相合，右手虎口對劍柄，劍身貼靠右肘處，準備接劍。目視前方。

　　弓步與合手要同時完成，兩臂一定要保持弧形。不要聳肩、抬肘、凸臀、塌腰、扭胯等。

　　移重心為吸氣，弓步合抱為呼氣。

　　【攻防用意】合臂後以靜制動，準備用劍迎擊對方。

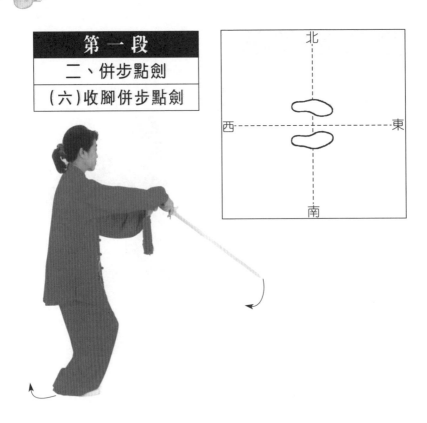

第一段

二、併步點劍

(六)收腳併步點劍

北

西　　　　　　東

南

重心前移，右腳收向左腳併步，屈膝半蹲。同時右手接劍，以腕關節為軸，使劍尖隨身體左後方向上向前畫弧，至腕與胸同高時，提腕使劍尖向前下方點劍；左手變劍指附於右腕內側。目視劍尖方向。

接劍時動作要自然，不要停頓。上體要正直，兩肩要鬆沉，不可聳肩、拱背、凸臀。點劍時勁力要貫注在劍尖上。

移重心為吸氣，併步為呼氣。

【攻防用意】設對方向我膝部偷襲，我以劍尖點擊其腕部或膝部。

第一段
三、弓步削劍
(一)提腳跟沉腕

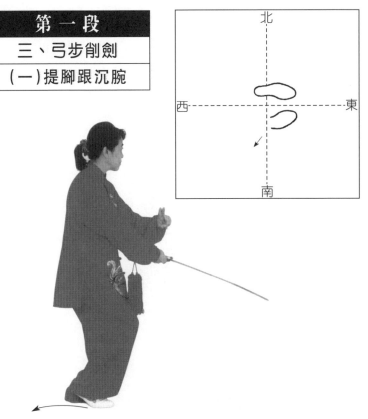

重心移向左腿，右腳跟提起。同時右手握劍沉腕，旋臂，使劍尖畫一小弧指向左下方，手心斜向左；左手劍指屈肘附於右前臂內側，手心朝下。目視劍尖方向。

劍尖畫弧圈不要太大，畫弧要沉腕，以腕關節為軸，不可用小臂畫弧，提腳不可太高。

提腳沉腕為吸氣。

【攻防用意】設對方刺擊我腹部，我沉腕旋臂化開對方的刺劍。

　　右腳向右斜後方撤步，腳跟著地。左手劍指不變。目
視劍尖方向。

　　撤步時上身不可前俯。動作不要有起伏，不要聳肩、
塌腰前俯、凸臀。

　　撤步為吸氣。

　　【攻防用意】設對方向我肩或頭部擊來，我即撤步準
備反擊。

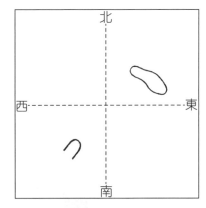

重心右移，上體右轉，右腳尖外擺，右腿屈膝前弓；左腳跟外蹍（約 90°），成右弓步。同時右手握劍隨轉體向右上方斜削，腕同肩高；劍指左擺置胯旁，手心斜朝下，指尖朝前。目視劍尖方向。

削劍時要與轉腰、弓步協調一致。上體中正，劍的力點要在劍刃前端。不要歪胯、扭腰，劍不要太高。

轉身斜削為呼氣。

【攻防用意】設對方從我右後方擊我頭上方，我以劍刃橫削對方肩、頸部。

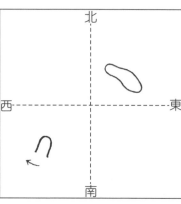

北

西 ------------ 東

南

左腿屈膝，重心後移，上體微右轉，右腳尖翹起。同時兩臂畫弧平擺，右手持劍，手心向上，腕同肩高；左手劍指向前向右畫弧擺至右肩前，手心斜朝下。目視劍尖。

劍隨身轉，要擺平。

後坐帶劍轉體為吸氣。

【攻防用意】設對方從我後方偷襲，我即將劍向後拔帶以禦之。

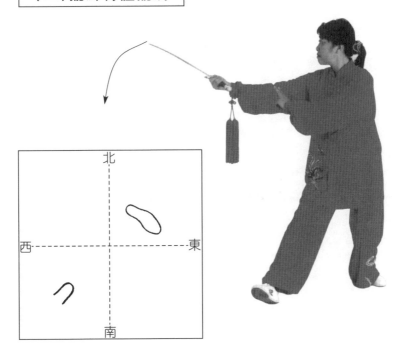

　　右腳外擺，上體繼續右轉。同時右手握劍屈肘向右後方畫弧至體後方，手心向上，腕略高於胸。目視劍尖方向。

　　擺腳與轉體擺劍要協調一致，左手畫弧也要與轉體配合。不要凸臀、收腹、直腰、挺胸。

　　轉體擺劍上提為呼氣。

　　【攻防用意】設對方從側前攻來，我即用劍上抬格擋。

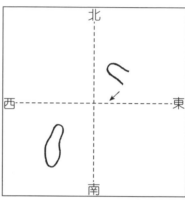

　　身體微向左轉，重心前移，右腳掌踏實，右腿自然屈膝；左腿自然伸直。同時，右手握劍上提，手心朝左；左劍指不變。目視劍身。

　　轉腰、擺劍、移重心三者要協調一致，上下配合。上身不要前俯，不要凸臀，腰部不要僵硬。

　　移重心為吸氣。

　　【攻防用意】抬肘提劍準備劈擊對方頭部。

四十二式太極劍競賽套路分解教學

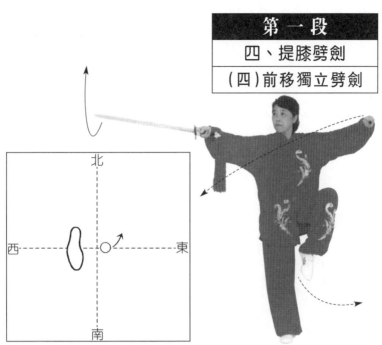

重心前移，右腿自然直立；左腿屈膝提起成獨立步。同時右手握劍向斜前方劈出，劍與臂成一直線，劍刃朝下；左劍指向下向左畫弧擺舉至肩平高度，手心朝外，指尖朝斜前。目視劍尖。

身體轉動要與兩臂動作協調一致，提膝獨立時要與臂劍協調一致。劈劍時勁力要貫於劍身下刃。提腿要過腰，不得開襠；做轉體時注意不得後仰、歪頭。移重心劈劍不要收腹、扭腰、凹臀、歪髖。

提膝劈劍為呼氣。

【攻防用意】設對方偷襲我後背和前上身部位以及頭部，我用劍身格擋化解開後，隨即攻其頭部。

四十二式太極劍競賽套路分解教學

59

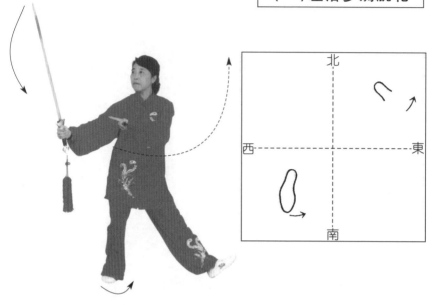

第 一 段

五、左弓步攔

（一）左落步劍腕花

右腿屈膝半蹲；上體微左轉，左腳向左後落步，腳跟著地，腳尖翹起。同時右手握劍以腕關節為軸使劍尖按順時針方向畫一圓弧；左劍指附於右上臂內側，手心朝下。目視劍尖方向。

落步與身體轉動要與劍尖繞環協調一致。腕關節要靈活，使氣和意念相配合。

落步沉腕花為吸氣。

【攻防用意】設對方向我胸部刺來，我用劍腕花格開以化解之。

四十二式太極劍競賽套路分解教學

60

　　身體左轉約45°，隨重心左移左腿屈膝半蹲，右腿自然伸直。同時右手握劍隨轉體向前下方畫弧，劍刃斜前方，劍尖朝右後；左劍指向下經前向左上畫弧。目視劍尖方向。

　　重心移動要與劍的運行一致。腕關節要靈活與劍協調一致。

　　轉身攔劍為呼氣。

　　【攻防用意】設對方向我腹前刺來，我用劍身攔格對方以化解之。

第一段
五、左弓步攔
(三)左弓步攔劍

　　重心前移，上體繼續左轉約45°；右腿自然伸直，腳跟外展，成左弓步。同肘右手握劍向左前方畫弧攔出，手心斜向上，腕同胸高；左劍指繼續向頭前畫弧，斜架於頭上方。目視劍尖方向。

　　劍腕不要抬得過高，劍身要斜下，不要太直。弓步時不可前俯、凸臀；身體轉動和劍的運行要協調一致。

　　轉身動作為吸氣，弓步攔劍為呼氣。

　　【攻防用意】設對方向我胸部擊來，我用劍攔擊對方以化解之。

四十二式太極劍競賽套路分解教學

第一段

六、左虛步撩

（一）後移擺腳畫弧

重心後移，右腿屈膝，左腳尖翹起。同時右手握劍屈肘向上畫弧，手心朝右，劍尖朝斜前方；左劍指下落附於右腕部，手心朝外，指尖朝前。

目視劍尖方向。

重心後坐，與轉腰帶劍要協調一致。不要凸臀、塌腰和收腹。

後坐上撩為吸氣。

【攻防用意】設對方襲擊我頭部，我用劍格開以化解之。

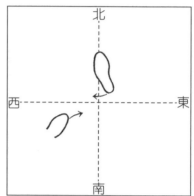

　　擺左腳，上體左轉，
提右腳跟。同時右手握劍
向左後畫弧屈肘至左胯
旁，手心朝裏，劍尖朝後
上方；左劍指不變。目視
劍尖方向。

　　擺腳和轉體劈劍要協
調一致，連綿不斷勁。身
體不能有起伏。

　　轉腰後劈為呼氣。

　　【攻防用意】設對方向我後方擊來，我用劍劈擊對方
頭部和肩部。

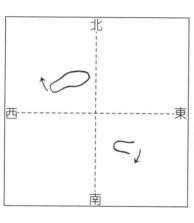

　　重心前移，左腳跟外蹍，體微左轉45°；右腳向右前方上步，腳跟著地。同時右手握劍隨體向左向上畫弧，右腕達眼眉高度，劍尖朝下；左劍指不變。目視前方。

　　上步與轉身撩劍應協調一致。動作連貫不要有起伏。上體中正，不要前俯。

　　上步轉腰撩劍為吸氣。

　　【攻防用意】設對方向我膝部擊來，我用劍撩撥開對方攻擊，準備進攻。

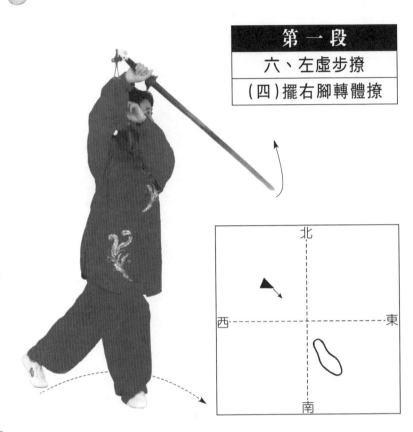

　　右腳尖外擺，身體右轉，重心前移，右腿屈膝半蹲；左腳跟提起。同時右手握劍，臂微屈，劍刃向前領先，手心朝外，劍尖低於手；左劍指不變。目視前方。

　　撩劍、轉腰和擺腳三者要協調一致，同步完成，不要前俯、凸臀、抬肘。

　　轉腰撩劍為呼氣。

【攻防用意】移重心往前引帶，準備進攻。

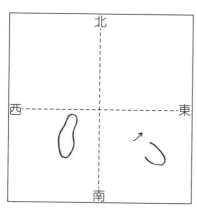

重心繼續前移，左腳向左前方上步，腳尖點地成左虛步。同時右手握劍向左前上方撩架至頭前上方，臂微屈保持弧形；左劍指附於右前臂腕部內側。目視左前方。

劍向左後繞環要與身體轉換協調一致，向前撩劍要與上步協調一致。整個動作不要停頓，要連貫圓活；虛步時支撐腳不得翹腳跟。

移重心，上步架劍為吸氣。

【攻防用意】設對方向我左後方偷襲，我即轉身用後劈劍化解；對方再向我右腰襲擊，我隨即上步轉身用劍向前撩擊對方腕部。

四十二式太極劍競賽套路分解教學

67

　　身體略向右轉，左腳向左上步，腳跟著地，身體略向右轉。同時右手握劍向上向右後畫弧至右後上方；左劍指落於右肩前，手心朝下。目視劍尖方向。

　　轉體與劈劍同時進行。要協調一致。不要弓背、聳肩、塌腰。

　　【攻防用意】設對方向我右側擊來，我即回身用劍劈擊對方頭部和肩部。

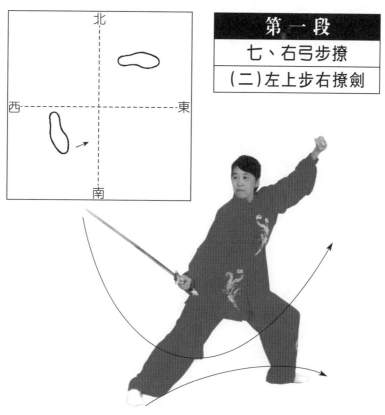

上體向左轉，重心左移，左腳尖外展落地，全掌踏實。同時右手握劍向下畫弧；左劍指向上經腹前向左畫弧，手心朝前。目視劍尖方向。

轉身上步與撩劍要配合一致。弧畫要立圓，幅度要大，重心要穩。上步動作不要有起伏，劍的力點在劍刃上。

邁半步轉身為吸氣。

【攻防用意】設對方向我腰部刺來一劍，我用劍刃格開對方準備進攻。

四十二式太極劍競賽套路分解教學

69

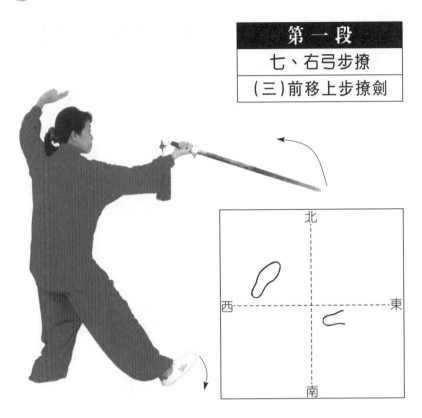

身體繼續左轉，左腿屈膝；右腳向前上步，腳跟著地。同時右手握劍向右前立劍撩出，腕與胸高，手心斜向上，劍尖斜向下；左臂呈弧形舉於頭上方，手心斜朝上。目視劍尖方向。

上步與撩劍要一致，撩劍的幅度要大。上步不要有起伏。

上步為呼氣。

【攻防用意】設對方刺向我膝部，我用劍刃格開對方刺來的劍，準備撩擊對方。

第一段

七、右弓步撩

(四)前移弓步撩劍

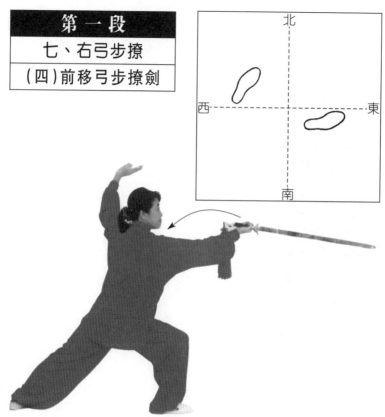

　　重心前移，上體微左轉，右腿屈膝半蹲；左腿自然蹬直，成右弓步。同時右手握劍，立劍向前撩出，腕與肩同高，手心斜向上；左劍指架於頭上方。目視劍尖。

　　撩劍幅度要大，成立圓。劍要貼身體撩出。

　　移重心為吸氣，弓步撩劍為呼氣。

　　【攻防用意】設對方向我右後腰部襲擊，我轉身向後劈出化解對方動作；對方隨即向我右胸前擊來，我即上步撩其腕部，用劍身化解之。

四十二式太極劍競賽套路分解教學

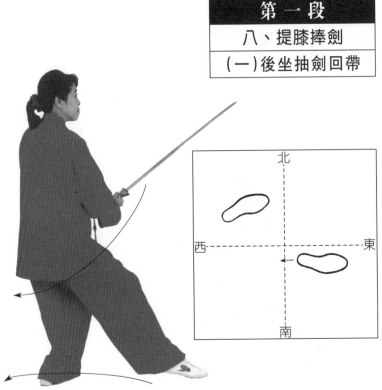

重心後移，左腿屈膝半蹲，上體微左轉（約30°）。同時右手握劍，隨轉體後坐抽劍向左平帶，手心朝上，腕與胸高，劍尖朝前；左劍指屈肘下落附於右腕部，手心朝下。目視劍尖方向。

後坐和抽劍平帶要同時完成。動作不要斷勁。

後坐抱劍為吸氣。

【攻防用意】設對方點擊我腕部，我用劍貼住對方的器械將其向左引帶以化解之。

第一段
八、提膝捧劍
（二）撤步旋臂平帶

北

西 —————————————— 東

南

上體微右轉（約45°），右腳向後撤步，重心後移，右腿屈膝半蹲，左腳腳尖點地，成左虛步。同時右手握劍隨轉體手心轉向下，使劍經體前向右平帶至胯前，劍尖朝前；左劍指隨右手附於右腕處。目視劍尖。

劍隨體轉。撤步與轉腰、帶劍三者要協調一致。上體不要歪斜，不凸臀，不前俯。

轉腰旋臂為呼氣。

【攻防用意】設對方向我右腰側刺來，我即向右轉，用劍向右帶以化解之。

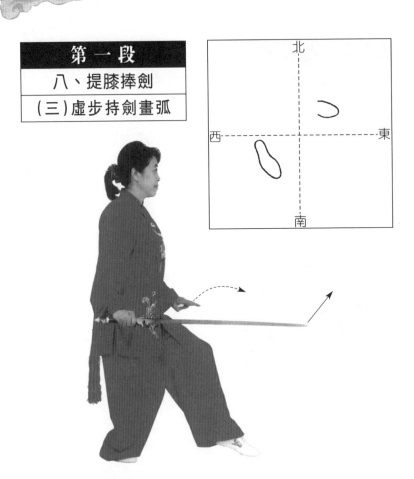

第一段

八、提膝捧劍

（三）虛步持劍畫弧

上體左轉（約45°），同時右手握劍帶至右胯旁，劍尖朝前；左劍指向下向左畫弧至左胯旁，手心朝下。目視劍尖方向。

轉體與分手持劍要協調一致。兩臂不要太直或僵硬。

轉腰分手為呼氣。

【攻防用意】體向左轉以左劍指畫開的動作，意在準備進攻。

第一段
八、提膝捧劍
（四）活步雙臂前引

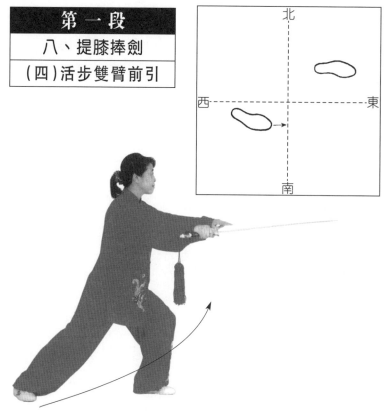

　　左腳向前活步，重心前移，腳跟著地，前掌踏實。目視劍尖方向。同時雙手從胯兩側向前引伸。目視劍尖方向。

　　上步要輕靈，步伐不要太大，不要有起伏。引伸時雙臂仍呈弧形，不要直臂。不要前傾凸臀。

　　向前引劍為吸氣。

　　【攻防用意】設對方向我胸前刺來，我即上步引用劍貼靠對方，準備同時合抱。

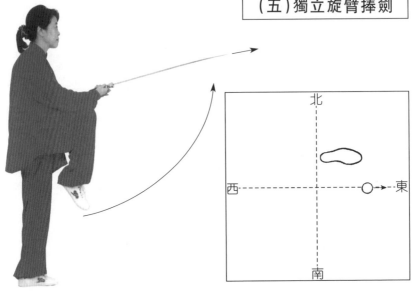

重心前移，左腿自然直立；右腿屈膝提起，腳尖下垂，成獨立步。同時兩臂外旋，兩手心翻轉朝上，隨提膝由身體兩側向胸前相合，劍尖朝前，高於腕；左劍指捧托於右手背下，與胸同高。目視前方。

轉體帶劍要連貫；捧劍與獨立步要協調一致。抬腿要過腰，支撐腿自然站立。不要低頭、弓背。捧劍雙臂不要太直。

移重心為呼氣，提膝抱劍為吸氣。

【攻防用意】設對方向我右方腰部擊來，我轉體平帶化解後，把對方之劍托捧起以化解。

九、蹬腳前刺
右蹬腳平刺劍

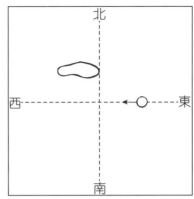

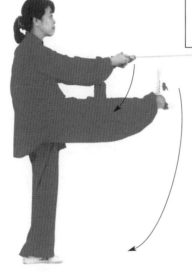

　　左腳直立；右腳勾腳尖，以腳跟為力點，向前蹬出。同時兩手捧劍微回引，隨後再向前平刺。目視劍尖方向。

　　蹬腳時支撐腿自然站立，上體端正，不可前俯或挺腹、弓背，腳不得低於腰部，腳尖應勾起。劍向前刺時兩臂必須保持鬆沉。

　　蹬腳刺劍為呼氣。

　　【攻防用意】設對方劍向我胸部刺來，我用劍壓住對方，然後再向其胸部刺出。

四十二式太極劍競賽套路分解教學

77

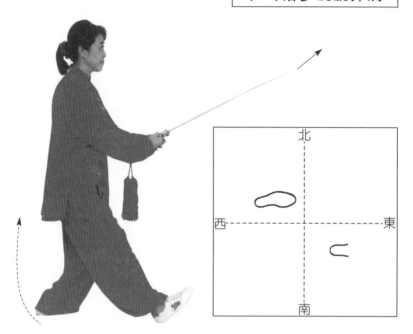

右腳向前落步，腳跟著地。同時雙手捧劍下沉，落至腹前。目視前方。

落步與沉腕捧劍要協調一致，不能斷勁。上體要端正，步伐不能太大。不要低頭弓背，過於收腹，凸臀，重心不要壓在前腿。

落步為吸氣。

【攻防用意】以靜為動，準備進攻。

第一段

十、跳步平刺

（二）前移提腳刺劍

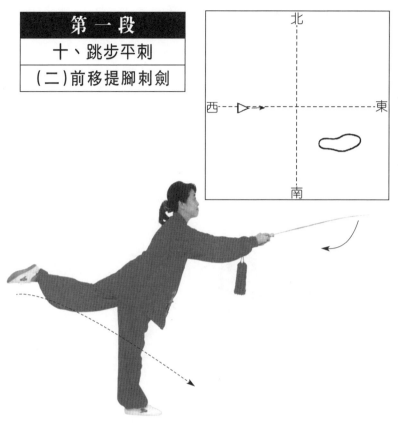

　　重心前移，右腳踏實直立；同時左腳離地向後擺起。雙手捧劍向前平刺，劍尖與頭前同高。目視劍尖方向。

　　移重心、前刺劍和後抬腿要同時完成。劍不要捧得太高，動作要求穩健。不要仰頭、挺胸。後腰自然伸直，抬腿不要太高。上體不能前俯太大幅度。

　　重心前移刺劍為呼氣。

　　【攻防用意】設對方向我胸前擊來，我下沉後即反刺對方咽喉部。

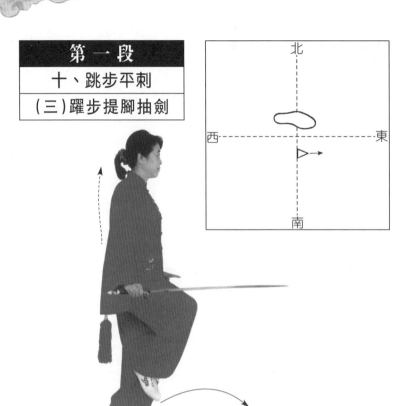

第一段
十、跳步平刺
（三）躍步提腳抽劍

上體重心前移，右腳蹬地向前跳步；左腳向前擺落地面踏實，左腿微屈；右腳在左腳即將落地時迅速向左腳內側靠攏而腳不著地。左腳落地時，兩手臂內旋回撤落於兩胯旁，手心均朝下。目視前方。

跳換步要求輕靈，步伐不要太大，不可停頓脫節。上體要中正，不要收腹、壓胯、前俯、凸臀。

落步提腳為吸氣。

【攻防用意】設對方向我腹部刺來我即跳步用劍下壓化解。

第一段
十、跳步平刺
（四）上步提劍

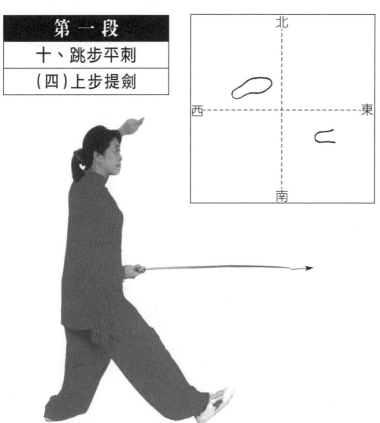

右腳向前落步，腳跟著地。同時，右手旋臂，屈肘提劍，手心向上；左劍指經左向頭前畫弧。目視前方。

上步要沉穩，保持上體端正。上步與翻腕提劍要協調一致。

右腳向前上步為呼氣。

【攻防用意】設對方向我胸部擊來，我即上步貼壓住對方後再伺機進攻。

四十二式太極劍競賽套路分解教學

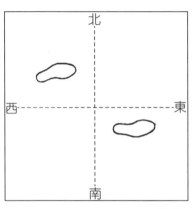

重心前移，右腿屈膝半蹲；左腳自然蹬直。同時右手握劍向前平刺，手心朝上；左劍指架於頭上方，手心斜朝上。目視劍尖方向。

落步與弓步刺劍要協調一致，自然連貫。左腳在落地後稍有停頓再進步平刺。不要凸臀、前俯、挺腹、低頭。

移重心為吸氣，弓步刺劍為呼氣。

【攻防用意】設對方向我胸部刺來，我用劍壓住來劍；然後向對方咽喉部位刺出。

第一段
十一、轉身下刺
(一) 左右平帶

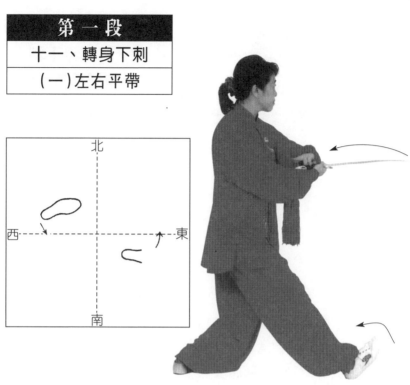

重心後移，左腿屈膝；右腿自然伸直，腳尖上翹。同時右手握劍向左向右平帶，屈肘收至胸前，手心朝上，劍身貼於左前臂下方；左劍指屈肘置於胸前，兩手心斜相對。目視左前方。

平帶劍與重心移動轉腰應協調一致，同步到位。注意不要拱背、凸臀。

後坐帶劍為吸氣。

【攻防用意】設對方向我左腰側刺來，我用劍向左向右平帶化解之。

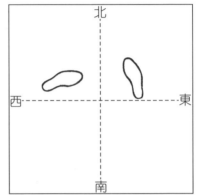

右腳尖內扣踏實，重心移至右腿，以右腳掌為軸身體左轉（共135°）；右腿屈膝，左腿自然伸直。同時雙手抱劍至右肋前；左劍指附於右腕內側。目視左前方。

扣腳轉體後再移重心。在移重心時身體不要有起伏。應以腰為軸帶動全身上下協調一致。不要弓背、凸臀。

扣腳轉體為呼氣。

【攻防用意】設對方從左側向我腰部刺來一劍，我即扣腳轉身用劍貼壓來劍，以備反擊對方。

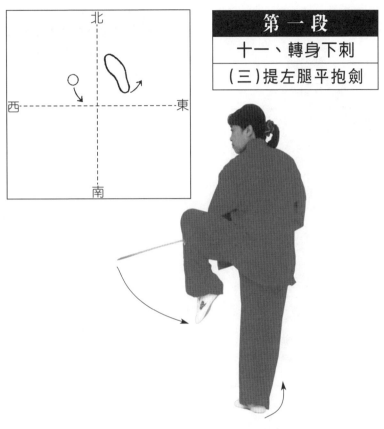

　　重心在右腿，身體繼續左轉45°，右腿自然直立；左腿屈膝提起。同時右手握劍在右胸前；左劍指仍附於右腕內側。目視左前方。

　　重心移至右腿後再提左腿，支撐腿自然彎曲。上體中正，不可弓背、收腹、前俯、聳肩、凸臀。

　　提劍時為吸氣。

　　【攻防用意】設對方刺我左膝，我即提腿化解，並提劍準備反擊。

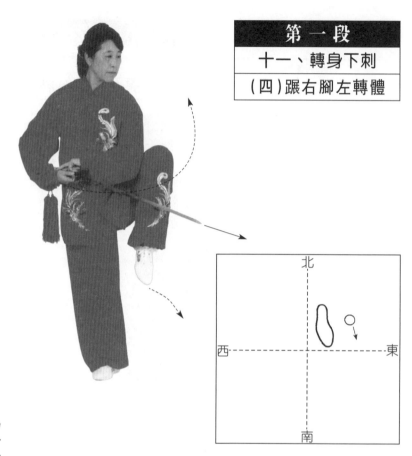

北

西 ——————————— 東

南

　　以右腳掌為軸，身體繼續左轉約90°。右手持劍於右胸前；左劍指不變。目視劍尖。

　　蹍腳轉身時重心要穩，不可有起伏。應以轉腰帶動四肢。

　　轉腰為呼氣。

　　【攻防用意】設對方擊我後背和下部，我即轉身化解之。

第一段
十一、轉身下刺
（五）落步弓步下刺

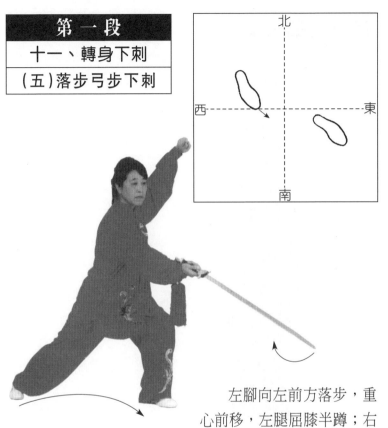

左腳向左前方落步，重心前移，左腿屈膝半蹲；右腿自然伸直，成左弓步。同時右手握劍向左前下方刺出，手心朝上；左劍指向左向上畫弧呈弧形舉於頭前上方，手心斜向上。目視劍尖方向。

落步與刺劍要協調一致，轉身時不要低頭彎腰，注意平穩。

落步為吸氣，弓步為呼氣。

【攻防用意】設對方向我左後腰刺來，我即轉身用劍刃格擋以化解之；然後落步向對方膝部刺出。

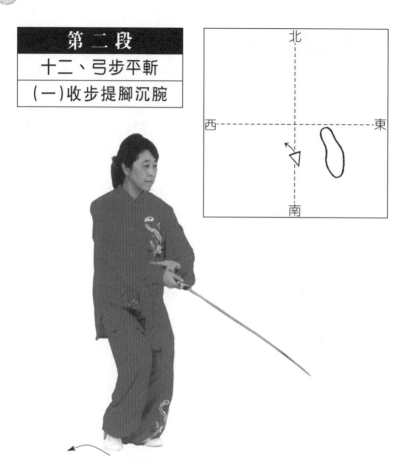

第二段

十二、弓步平斬

（一）收步提腳沉腕

　　重心前移，右腳收提於左腳內側而不觸地。同時右手握劍旋腕沉劍，手心斜朝上，劍於腹前高度；左劍指屈肘向前，附於右前臂內側上方。目視劍尖方向。

　　旋腕沉劍與收腳要協調一致，同步到位。上體不得前俯、凸臀和收腹。

　　【攻防用意】設對方向我膝部刺來，我即沉腕旋臂以化解之。

第二段
十二、弓步平斬
（二）右後撤步握劍

　　右腳向右後側方撤步。右手握劍在胸前高度。目視劍尖方向。

　　撤步前，支撐腿先屈蹲降低高度。撤步步幅不要太大，動作要沉穩。不要起伏或上身前俯、壓胯、凸臀和弓背。

　　撤步握劍為自然呼吸。

　　【攻防用意】設後方有敵來犯，我先撤步以靜制動。

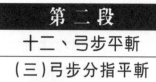

第二段

十二、弓步平斬

（三）弓步分指平斬

　　左腳尖蹺步內扣，右腳尖外擺，身體右轉（約90°），成右橫襠步。同時右手握劍向右平斬，手心斜朝上，劍於眼眉高度；左劍指向左分展側舉，低於胸，手心朝左，指尖朝前。目視劍尖。

　　肩肘要鬆活，以腰帶臂，眼神要隨劍走，勁路要沉穩不斷。不要聳肩、夾腋。沉腕和平斬要連貫，不得停頓。

　　斬劍和轉腰為呼氣。

　　【攻防用意】設對方向我右側腰襲來，我即向右後轉身以側劍刃斜削對方頸部。

四十二式太極劍競賽套路分解教學

第二段
十三、弓步崩劍
（一）重心左移帶劍

　　上體左轉，重心左移，左腿微屈；右腿自然伸直。同時右手握劍，以劍柄領先，屈肘向左帶劍至面前，手心朝後；左劍指弧形左格至左胯旁，手心朝下，指尖朝前。目視劍身。

　　重心移動與轉體帶劍必須協調一致，轉動時一定要以腰為軸，上下一致完成動作。不能扭腰、歪胯和凸臀。上肢動作要自然鬆活。

　　轉身帶劍為吸氣。

　　【攻防用意】設對方向我頭部擊來，我即轉腰用劍刃將其格開。

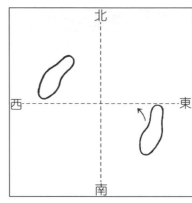

第二段
十三、弓步崩劍
(二)重心右移帶劍

重心再右移，右腿屈膝，左腳自然伸直。同時劍向左畫弧至左胸前，劍尖朝右；左劍指畫弧至左胯旁，手心朝下。目視劍身。

轉腰與帶劍要配合一致，要以腰帶動身體左轉及劍的動作。重心移動時，身體不要有起伏，不要仰身、挺胸。

右移帶劍為呼氣。

【攻防用意】設對方向我左肩側刺來一劍，我即轉腰用劍刃向上化解。

第二段

十三、弓步崩劍

(三)退步叉步格帶

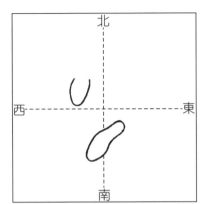

重心繼續右移，上體右轉，左腿經右腿向右後插步，成叉步。同時右手握劍旋翻向左格帶，腕同胸高，右臂自然伸直，手心朝下，劍尖向前，與胸同高；左劍指向左擺舉，手心朝外，指尖朝前，腕同肩高。目視右側方。

撤步時與移重心要協調一致。轉腰與格帶劍要配合一致。撤步不要太大或起伏。整個動作要用腰軸來帶動四肢。不要凸臀和上體前俯。

轉腰時為吸氣。

【攻防用意】設對方向我右腰部擊來，我轉身格帶用劍刃將來招化開。

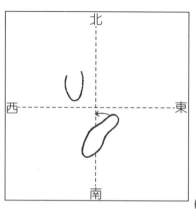

重心後移，微右轉腰，屈膝下沉，成半蹲歇步。右手持劍向前畫弧，左劍指下落於左側。目視劍身。

歇步不要全蹲，右手握劍要扣腕格帶，劍身要斜平。兩臂要呈弧形。不要壓胯、凸臀。上體不要前俯。

下沉時要呼氣。

【攻防用意】以靜止動。

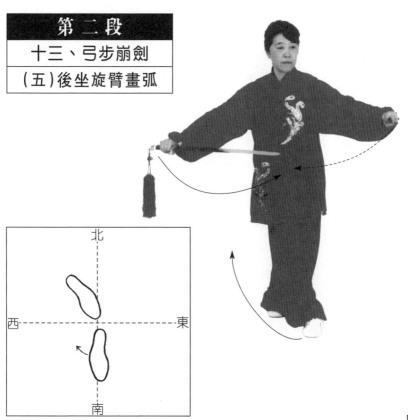

體微右轉，重心下沉後移，右腳以腳掌為軸外蹍，上體微起。同時左劍指下落至左腰側方；右手握劍不變，劍身向右展開。目視右側。

重心後移與上體前起要同時完成。雙手分開呈弧形，要與前起協調完成。前腳要虛點地面，後移時不要弓背、前俯和凸臀。

重心後移為吸氣，雙手分開時為呼氣。

【攻防用意】以靜止動。

四十二式太極劍競賽套路分解教學

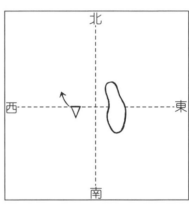

　　重心移置左腿，右腿屈膝提起。同時兩前臂外旋向內畫弧，合抱於腹前，手心朝上，右手握劍，劍尖朝前；左劍指捧托於右手背下。目視前方。

　　提膝要過腰，腳尖要自然下垂。支撐腿要自然直立，捧劍和劍指雙臂要呈弧形，鬆肩垂肘，上下動作要協調一致，同步到位，不可彎腰、低頭。

　　提膝捧劍為吸氣。

　　【攻防用意】設對方向我腿前刺來一劍，我即抬腿抱劍，壓住來劍，以備進攻。

第二段

十三、弓步崩劍

（七）落步雙手捧劍

北

西　　　　　　　東

南

　　右腳向右後側落步；左腿自然屈膝，成左弓步，但面向右側。同時劍向右引捧劍。目視劍尖。

　　落步時動作要自然，上體要直立，不能前俯、凸臀。落步和劍向前引伸要同時完成。捧劍雙臂呈弧形，不僵硬。

　　落步捧劍為呼氣。

　　【攻防用意】向前引伸以備反擊。

四十二式太極劍競賽套路分解教學

上體右轉，重心前移，右腿屈膝；左腿自然蹬直，成右弓步。上體繼續右轉，同時右手握劍向右擺崩劍，勁貫劍身前上端，腕同肩高，劍尖高於腕，低於頭，臂微屈，手心朝上；左劍指向左分展，停於胯旁，手心朝下，劍指朝前。目視劍尖。

捧劍與提膝、崩劍與弓步都要協調一致，崩劍須發勁，要與轉腰沉胯連貫起來。關鍵在於崩劍力要貫於劍刃前部，發勁要鬆彈，動作要自然。

弓步崩劍為呼氣。

【攻防用意】設對方向我胸前刺來，我用捧劍壓住對方劍，然後轉身崩擊對方頭、頸部。

第二段

十四、歇步壓劍

(一)移重心上托劍

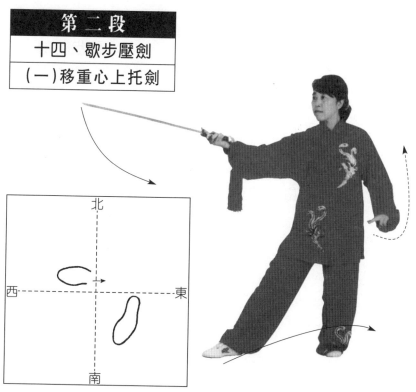

上體微左轉上起，重心後移至左腳，左腿自然彎曲；右腿自然彎曲，腳跟離地，成前點步。同時右手握劍向上托起，左劍指自然擺起。目視劍尖。

重心後移與撤步托劍要同時完成，在撤步時上體微微上起。撤步不要太大，托劍不要太高，不要直立，雙臂不要僵直。

撤步托劍為吸氣。

【攻防用意】設對方向我頭部擊來，我即後撤上托劍將擊來之器械托起，抑制對方。

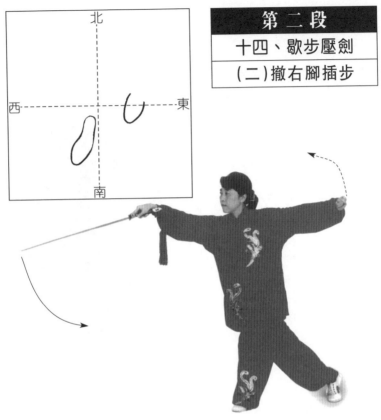

右腳向左腳後插步，腳前掌著地。同時右手握劍向左畫弧，臂內旋，手心朝下；左劍指向左後擺起。目視劍尖。

插步和旋臂下壓畫弧須協調一致，同時到位。後撤步幅不要太大，旋翻弧度不要太大。要以腕關節為軸，扣壓劍身。上身不要前俯，凸臀。

後插步為呼氣。

【攻防用意】設對方向我腹部刺來一劍，我即後撤步旋翻劍以蓋壓來劍。

　　重心下沉，兩腿屈膝下蹲，成歇步。同時右手握劍向下壓，手心朝下，臂微屈，腕同膝高；左劍指向上畫弧，臂呈弧形，舉於頭上方，手心斜朝上。目視劍尖。

　　壓劍時肩、肘要鬆沉，臂不可僵直，劍身離地約10公分。上體不可前俯，臀部不可凸起，不得聳肩。

　　下蹲時呼氣。

　　【攻防用意】設對方向我腰部刺來，我即用劍下壓來劍。

　　重心前起，身體微右轉，兩腿自然蹬伸；左腿屈膝，右腳向前上步，成右虛步。同時右手握劍旋臂，虎口朝前上方，立劍上提，腕同肩高，左手劍尖略低於腕；左劍指從上弧形前擺，附於右前臂內側，手心朝下。目視前下方。

　　起身上步及提腕立劍必須要協調一致，同時到位。上步時，步幅不要太大，提劍臂呈弧形，不要僵硬，不要聳肩，要提勁輕靈完成。

　　上步為吸氣。

　　【攻防用意】設對方向我胸部擊來，我用上步和提劍封住對方器械，以備進攻。

四十二式太極劍競賽套路分解教學

第二段

十五、進步絞劍

(二)右腳上步絞劍

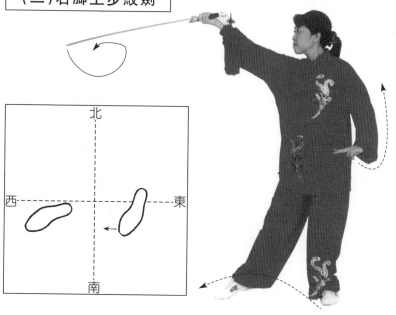

右腳向前上步,腳掌踏實,重心前移。同時右手握劍旋臂,手心朝上,以腕關節為軸,從左向右向上畫一個圓圈;左劍指向下落於左胯旁。目視前方。

前移上步與絞劍都要同時完成。腕和臂部要鬆活。上步不要有起伏。絞劍圈子不要太大,應以腕關節為軸,劍柄和劍尖朝正反兩個方向畫圈絞撥。

上步起動為吸氣,絞劍完成為呼氣。

【攻防用意】設對方向我胸部刺來一劍,我用劍絞撥對方刺來的劍並趁勢反擊。

第二段
十五、進步絞劍
（三）左腳上步絞劍

　　重心前移至右腿，左腿向前上步。同時右手握劍再次絞劍；左劍指向上向左後畫弧，高與肩平，手心朝外，指尖朝前，臂呈弧形。目視劍尖方向。

　　前移、上步與絞劍三者要協調一致，同步完成。腕和臂都要鬆活，上步時身體不要有起伏。

　　上步起動為吸氣，絞劍完成為呼氣。

　　【攻防用意】同（二）。

第二段
十五、進步絞劍
（四）右腳上步絞劍

　　重心前移，右腳向前上步。同時右手握劍繼續絞劍；左劍指向頭上架舉，臂呈弧形，手心朝外，指尖朝前。目視劍尖。

　　動作要點及注意事項與（二）同。

　　上步起動為吸氣，絞劍完成為呼氣。

【攻防用意】與（二）同。

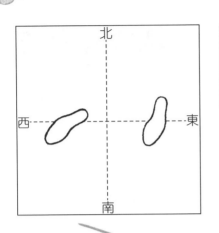

移重心，右腳踏實，右腿屈膝；左腳自然伸直，成右弓步。同時右手握劍向前送；左劍指經上向前附於右前臂上，手心朝下。目視劍尖。

上步要輕靈平穩，不可忽高忽低。以上每上一步絞一劍，共上三步。絞劍與上步要協調一致，劍尖的運動呈螺旋形，但圈子不要太大。

上步為吸氣，弓步時為呼氣。

【攻防用意】設對方向我胸部襲來，我用劍絞撥對方的器械，而後向前刺，這樣一防一攻就成絞劍。

第二段

十六、提膝上刺

（一）後坐擺劍回帶

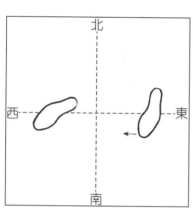

　　重心後移，上體略左轉，左腿屈膝半蹲，右膝微屈。同時右手握劍屈肘回帶，至左腹前，手心向上，劍身平直，劍尖朝右；左劍指附於劍柄上。目視劍尖方向。

　　後坐和回帶劍要協調一致。重心移動不要有起伏，回帶劍時弧度不要太大。要用腰來帶動劍的回帶。不要弓背、塌腰、收腹、凸臀。

　　後坐回帶劍為吸氣。

　　【攻防用意】設對方向我腰部刺來，我用劍貼住來劍向左回帶下沉以化解之。

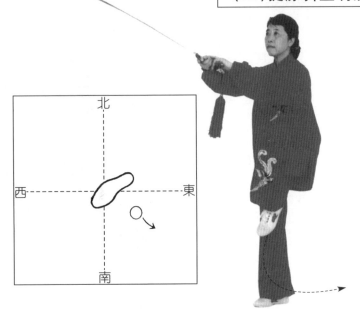

北

西——————東

南

　　重心前移，身體微右轉，右腿自然直立；左腿屈膝提起，成右獨立式。同時右手握劍向前上方刺出，手心朝上；左劍指附於右前臂內側。目視劍尖。

　　提膝與刺劍要協調一致，提膝不得低於腰部，腳尖要下垂。獨立時支撐腿稍有彎曲。上體保持中正。刺劍時雙臂不要太直，要鬆，沉肘。

　　獨立刺劍為呼氣。

　　【攻防用意】設對方刺我腹部，我將來劍引帶下壓化解，我提膝用劍刺向對方喉部或頭部。

第二段
十七、虛步下截
(一)左腳橫落步

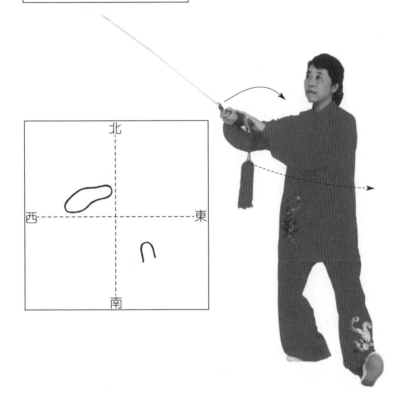

　　右腿屈膝半蹲；左腳向左側前方落步，腳跟著地。左劍指不變。目視劍身方向。

　　支撐腿彎曲與下落步要同時完成。不要凸臀、塌腰。

　　落步為吸氣。

【攻防用意】以靜制動。

四十二式太極劍競賽套路分解教學

第二段
十七、虛步下截
(二)弓步上帶劍

上體微向左轉。同時右手持劍，隨轉體曲肘外旋，向左前上方畫弧帶劍，立劍，手心向上，腕同頭高，劍尖朝後；左劍指向下向左畫弧至左胯旁，手心朝下。目視劍的方向。

轉體與畫弧要配合協調。在以腰為軸帶動下，劍與手都要走弧線。不要扭腰、轉腰。

弓步帶劍為呼氣。

【攻防用意】設對方向我擊來，我用劍刃向上托架以化解之。

第二段
十七、虛步下截
（三）上步虛步下截

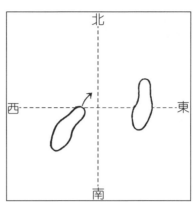

重心左移，左腿屈膝半蹲，上體左轉。右腳向左斜前移半步，腳尖點地，成右虛步。同時右手握劍臂內旋，向左帶，向右下截劍落至右胯旁，劍尖朝左前與膝同高，勁貫劍身下刃；左劍指向上向左畫弧舉架至左側上方，臂呈弧形，手心斜朝上，指尖朝右。目視右側。

虛步與截劍要協調一致，應以腰為軸，轉動靈活。右臂不得僵直，左臂上架要呈弧形。虛步時不要夾襠。

虛步下截劍為呼氣。

【攻防用意】設對方向我膝部刺來，我用劍截擊對方劍身，封住對方動作。

第二段
十八、右左平帶
（一）提右腿持劍

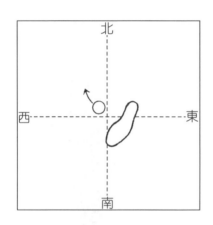

左腿自然微屈；右腿屈膝提起，腳尖自然下垂。同時右手旋臂立握劍向前伸送，與胸同高，臂自然伸直，劍尖略低於手；左劍指向前下落附於右前臂內側，手心朝下，手指朝前。目視劍尖方向。

移重心、上抬腳與引劍前送須協調一致，同時完成。左腿自然彎曲，不要凸臀、弓背。兩肩要鬆沉，臂不要僵硬。

提膝持劍為吸氣。

【攻防用意】設對方向我胸前刺劍，我即抬腿持劍準備進攻。

第二段

十八、右左平帶

(二)斜前落步引刺

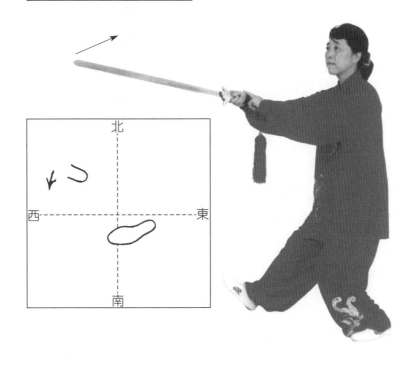

右腳向右斜前方落步，腳跟著地。目視前方。

向斜前落步要輕靈，與右臂向前引伸要同時完成。不要凸臀、前俯、壓胯。雙臂不要太直，不要聳肩。

落步引刺為呼氣。

【攻防用意】向對方試探性地刺劍。

第二段
十八、右左平帶
（三）弓步旋臂平帶

重心前移，右腳尖踏實，身體右轉，右腿屈膝前弓；左腿自然蹬直，成右弓步。同時右手握劍臂內旋使劍向右畫弧屈肘帶至右肋前，手心朝下，腕與胸高，劍尖向前；左劍指仍附於右臂內側。目視劍尖方向。

移重心與旋臂要同時完成。右轉腰與平帶劍要協調一致，平帶幅度不要太大，力點在劍身前端，要有韻味。上體不得前俯，右臂不得挺直。劍的高度在肋前。

引帶時為吸氣，弓步時為呼氣。

【攻防用意】設對方向我胸前刺來一劍，我即引伸把來劍格開，使之落空。

四十二式太極劍競賽套路分解教學

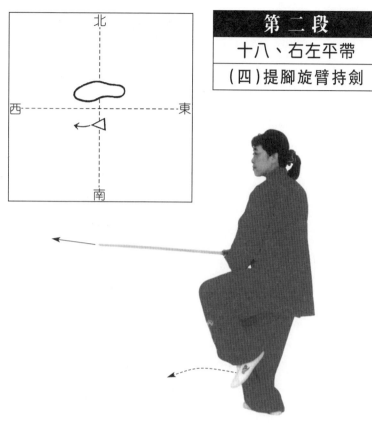

　　重心前移，體微轉（約15°），左腳收向右腳內側而不落地。同時右手握劍向下向右引帶至右腹前，手心朝下；左劍指不變。目視前方。

　　提步不要過高，與移重心同時完成。引劍要與腰部配合協調一致，同步到位。上體中正，不要凸臀。

　　提步收劍為吸氣。

　　【攻防用意】把對方劍貼住後往回引帶，準備進攻。

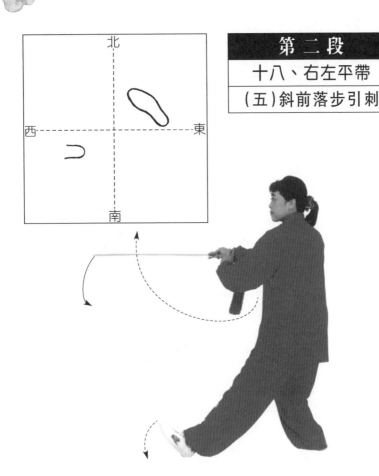

重心繼續前移，左腳向左前方上步，腳跟著地。同時右臂外旋，右手握劍向前引刺，手心朝上；左劍指不變。目視前方。

向斜前上步與引刺劍須同時完成。步幅不要太大，雙臂要呈弧形。

上步引刺為呼氣。

【攻防用意】上步向對方胸前刺出一劍。

四十二式太極劍競賽套路分解教學

第二段
十八、右左平帶
(六)左弓步左平帶

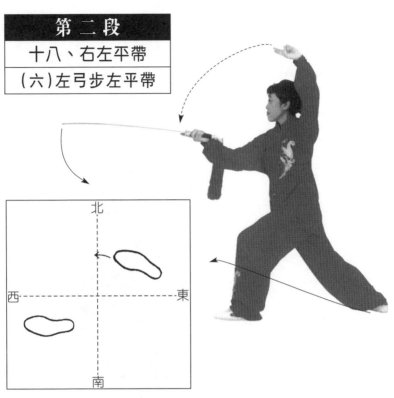

　　重心前移，上體左轉，左腳掌踏實，左腿屈膝半蹲；右腿自然蹬直，成左弓步。同時右手握劍向左平帶至左肋前，手心朝上，劍尖朝前；左劍指向下向左畫弧擺舉架於頭上方，手心斜朝上。目視前方。

　　弓步與帶劍要協調一致。弓步時劍身要向前引刺，但上身不得前俯，平帶不要直臂。

　　移重心為吸氣，弓步為呼氣。

　　【攻防用意】設對方向我左腰刺劍，我即向左旋臂平帶，把來劍格開。

四十二式太極劍競賽套路分解教學

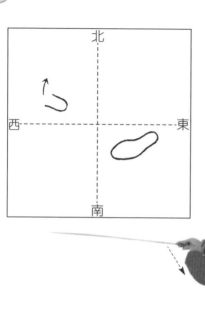

重心前移至左腿，右腳向右斜前擺上步，腳跟橫落地。同時，右臂內旋，手心向下，劍尖向左；左劍指下落附於右手內側，手心朝下，指尖朝上。目視劍尖。

移重心與上步、旋臂要上下協調配合，同時完成。不要凸臀，上體不要前俯，雙臂不要太直、聳肩。

上步擺腳為吸氣。

　　【攻防用意】以靜制動。

第二段

十九、弓步劈劍

(二)擺腳轉體持劍

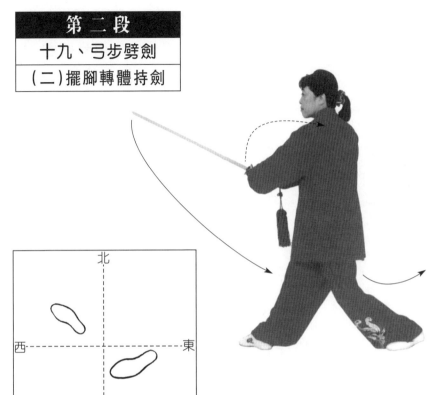

　　重心前移，右腳踏實，上體右轉。同時右手持劍隨體下落於腹前，左劍指附於右腕下。目視右前方。

　　擺腳與轉腰要上下協調，同時完成，轉動時要以腰為軸帶動全身完成動作。不要前俯、凸臀。

　　轉腰持劍為吸氣。

【攻防用意】以靜制動。

四十二式太極劍競賽套路分解教學

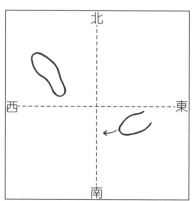

北

西————————東

南

　　重心前移，身體繼續右轉，右腳踏實；左腳腳跟抬
起。同時右手握劍向右後下方下截，左劍指屈肘附於右肩
前。目隨劍走，定勢時視劍尖方向。

　　移重心與回身下截要協調一致，動作要
以腰為軸帶動全身，下截劍不要太高，不要
前俯、凸臀、抬肩。

　　叉步下截劍為呼氣。

　　【攻防用意】設對方向
我右膝部刺來，我即回
身用劍刃削格來劍。

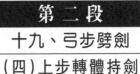

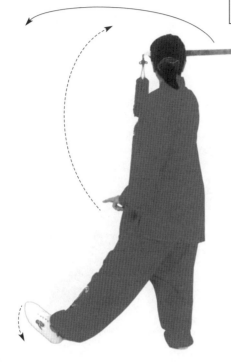

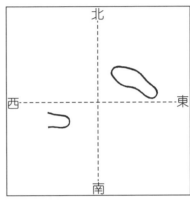

北

西 — 東

南

　　上體左轉，左腳向前上步，腳跟著地。同時右臂外旋，右手握劍經下向上畫弧舉於右側上方；左劍指向下向左畫弧落於左胯前方。目視劍柄上方。

　　上步與旋臂上舉架劍要協調配合。上步不要太大或起伏。畫弧上架劍臂不要太直，劍指要配合自然。

　　上步提架劍為吸氣。

【攻防用意】以靜制動，準備進攻。

四十二式太極劍競賽套路分解教學

121

　　重心前移，左腿屈膝半蹲；右腿自然蹬直，成左弓步。同時右手握劍向前劈劍，與肩同高，劍尖略高於腕；左劍指朝左向上畫弧，臂呈弧形，架於頭前上方，手心朝外。目視前方。

　　左弓步與劈劍要上下協調一致，連貫完成。不可凸臀。弓步劈劍為呼氣。

　　【攻防用意】設對方向我頭部刺來，我即回身劈向對方頭部及肩部以化解之。

第二段
二十、丁步托劍
(一)收腿提膝下截

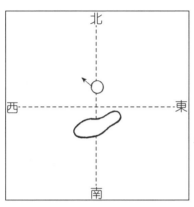

重心前移至左腿，右腿屈膝提起，成獨立步。上體右轉微前傾，同時右手握劍向右後方截劍，手心朝後；劍指屈肘下落於右肩前，手心朝右後方。目視劍尖。

移重心與回身提膝下截要同時完成。腳尖要自然下垂，支撐腳微屈。上體不要前俯，不要聳肩。下截劍不要太高。

回身提膝下截為吸氣。

【攻防用意】設對方向我右膝刺來一劍，我即提腿避開，並用劍掃截對方膝部。

四十二式太極劍競賽套路分解教學

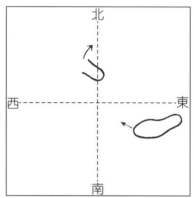

　　右腳向右前方落步，
腳跟著地。同時右臂外
旋，屈肘向上托劍，劍尖
朝後；左劍指附於右腕內側。目視
劍尖。

　　支撐腿先微屈，右腿再向前落
步。旋臂與上步要協調一致。落步
時不要凸臀、前俯、弓背。雙臂要
保持自然的弧度。

　　上步為呼氣。

　　【攻防用意】對方向我胸前刺

來一劍，我即上步旋臂托架，把對方之劍架開以化解。

四十二式太極劍競賽套路分解教學

第二段

二十、丁步托劍

(三)跟步丁步托劍

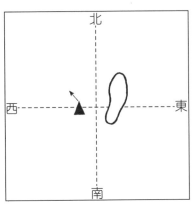

重心前移，右腳踏實，右腿屈膝半蹲；左腳向右腳內側跟進一步，腳前掌點地，成丁步。同時右手握劍屈肘抽劍向左額前上托，劍尖朝右；左劍指附於右腕內側，指尖朝上，手心朝前。目視劍尖。

移重心與丁步托劍要協調一致，勁力連貫。劍上托時勁力須貫於劍刃，不要凸臀、抬肘、聳肩，上身不要前俯拱背。

丁步托劍為吸氣。

【攻防用意】設對方向我頭部襲來，我即落步向前橫劍托擋對方器械。

四十二式太極劍競賽套路分解教學

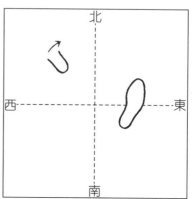

北

西 ----- 東

南

左腳向左斜前方上步，腳跟著地。手形不變。目視右方。

上步不要有起伏，上步為自然呼吸。

【攻防用意】以靜制動。

四十二式太極劍競賽套路分解教學

126

第二段

二一、分腳後點

（二）扣腳轉體落劍

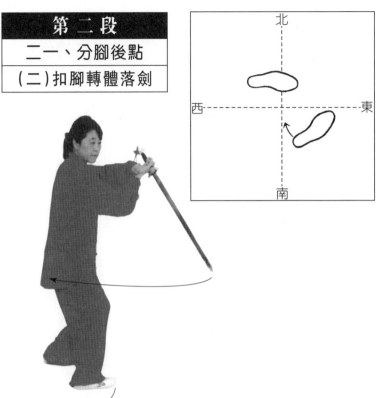

　　重心前移，左腳尖內扣，屈膝，上體微右轉（約90°）。同時右手握劍使劍尖向右下畫弧，腕與肩同高，手心斜朝上，劍尖斜向下；左劍指仍附於右腕內側。目視劍尖。

　　扣腳與轉體要協調一致，在轉動時劍隨體轉，不能斷勁。

　　轉體落劍為吸氣。

　　【攻防用意】設對方向我右腰部擊來，我即轉身用劍格擋來招，並向其腕部撩擊。

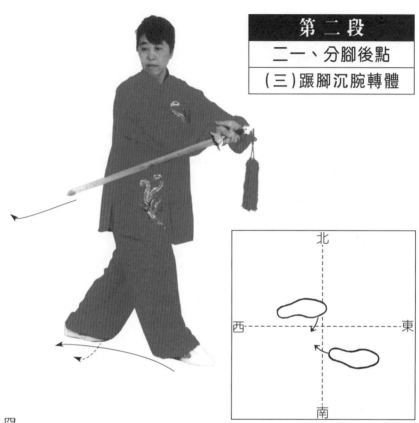

　　隨轉體，右腳以腳掌為軸內躓，膝微屈。同時右手扣腕下沉至腹前高度，劍尖朝左，手心斜朝上；左劍指不變。目視劍尖。

　　躓腳時上體隨之旋轉，劍也隨著下沉，要上下協調完成。轉動時動作要下沉，不要有起伏。臀部不可凸起。

　　躓腳轉身為呼氣。

　　【攻防用意】以靜制動。

第二段

二一、分腳後點

（四）撤步橫襠穿劍

　　右腳向後撤步，右腿自然伸直；左腳以腳跟為軸內扣蹍步，屈膝半蹲，身體右轉（約90°）。同時右手握劍，劍尖領先，經下向右後畫弧穿至腹前，手心朝外，劍尖朝右，低於腕；左劍指仍附於右腕。目視劍尖方向。

　　撤步時左腳隨即內扣蹍步，三者要協調一致，同步完成。撤步時要扣腳腕，全身下沉。上體不要前俯。

　　撤步穿劍為吸氣。

　　【攻防用意】設對方向我右腰襲來，我即轉身撤步向對方腹前刺去。

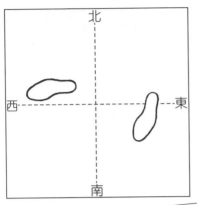

北

西 ———— 東

南

　　隨重心前移，右腿屈膝半蹲；左腿自然伸直，成右弓步，上體略向右轉。同時右手握劍，劍柄領先沿右腿內側向前穿刺，與肩同高，劍尖向前，手心朝左；左劍指向左後方畫弧擺舉，與肩同高，手心朝外。目視劍尖。

　　移重心與穿劍要同時完成。

　　弓步穿劍為呼氣。

　　【攻防用意】向對方胸前刺出。

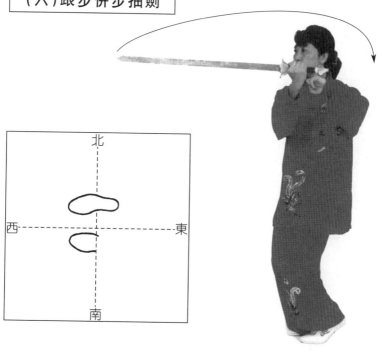

重心前移，左腳收步落於右腳內側併步，兩腿屈膝半蹲。同時右手握劍旋臂屈肘向上畫弧落於右肩前；左劍指帶於胸前，落於右腕內側。目視前方。

收步與畫弧收劍要同時完成。劍指與運行中的劍要協調一致。不要聳肩、塌腰、凸臀。

丁步收劍為吸氣。

【攻防用意】設對方向我頭部擊來，我旋臂收劍把對方器械格開。

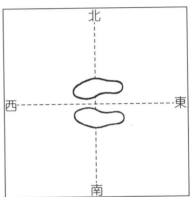

重心左移，左腳踏實，上體左轉（約90°）。同時右手握劍畫弧，使劍尖在體左側立圓畫弧，向左後帶至左胯旁；左劍指不變。目視左後方。

轉腰與後劈劍要同時完成。移動重心要自然，不要有起伏。轉腰是以腰為軸垂直轉動，不要左右扭腰。

轉腰後劈劍為呼氣。

【攻防用意】設對方向我右腰部擊來，我即轉身用劍將其格開並向對方器械削去。

第二段
二一、分腳後點
（八）右轉向前撩劍

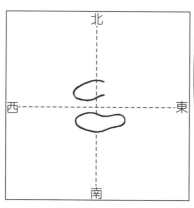

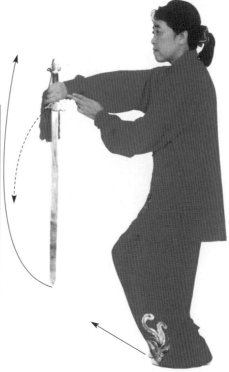

　　上體右轉（約90°），右腳跟提起。同時右手握劍向前撩舉，手心朝右，劍尖向下，腕與肩同高；左劍指不變。目視前方。

　　回身與反撩劍要協調一致完成。反撩劍不要太高，併步要下沉，不要凸臀、聳肩。

　　轉身撩劍為吸氣。

　　【攻防用意】設對方刺我左膝，我用劍將其撩撥格開，並反擊其腕部。

四十二式太極劍競賽套路分解教學

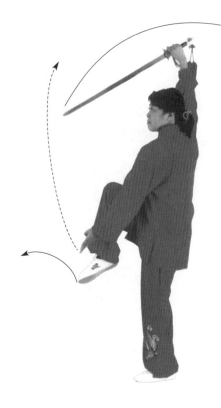

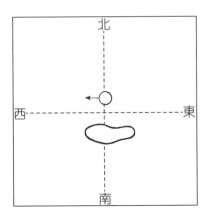

第二段

二一、分腳後點

(九)提右膝上提劍

重心上起，左膝自然蹬直；右腳屈膝提起，腳尖下垂，成獨立步。同時右手握劍向頭上方提起，手心朝右，劍尖朝下；左劍指外旋向前下方伸出至右踝內側，手心朝前。目視前方。

提膝架劍與伸指要協調一致，連貫完成。提腿要穩，不得前俯、弓背。雙臂要自然伸直。

提膝為呼氣，上提劍完成後為吸氣。

【攻防用意】設對方向我腳部頭前刺來，我即提腿向上提劍格開來劍。

四十二式太極劍競賽套路分解教學

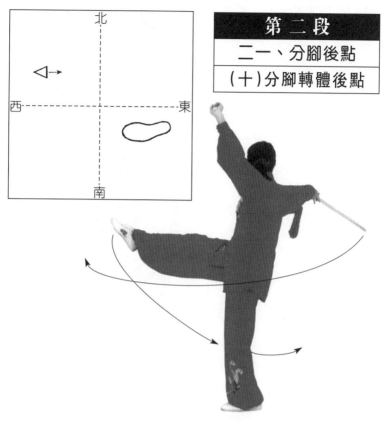

第二段

二一、分腳後點

（十）分腳轉體後點

北

西————東

南

右腳向前擺踢成分腳，同時上體右轉擰腰。右手握劍隨轉體經上向右後方點劍，腕與肩同高；左劍指向左上方弧擺舉，臂呈弧形架於頭上方，手心斜朝上。目視劍尖。

提膝與提劍分腳後點劍要協調一致，整個動作要連貫圓活，一氣呵成。分腳要求身體正直，不要歪斜。

轉身後點為呼氣。

【攻防用意】設對方又向我身後刺來，我向右側後點劍擊向對方腕部。

135

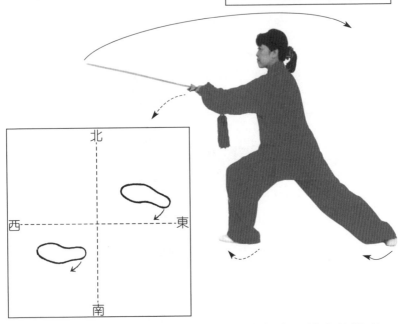

　　左腿屈膝半蹲；右腿屈膝向右後落步，並自然蹬直，成左弓步。同時上體左轉，隨轉體右手握劍外旋畫弧向前擺舉，腕同胸高，手心朝上，劍身平直，劍尖向前；左劍指向下屈肘附於右前臂內側，手心朝下。目視劍尖。

　　左轉與畫弧擺舉及劍指附於右臂應當上下協調一致，同步到位。劍身要平，不能前俯、塌腰、凸臀。

　　落步轉體擺劍為吸氣。

　　【攻防用意】設對方向我右側劈來一刀，我即回身撤步避開攻來之刀，同時用劍橫擊對方腰部。

第三段

二二、仆步穿劍

（二）扣腳轉體斬劍

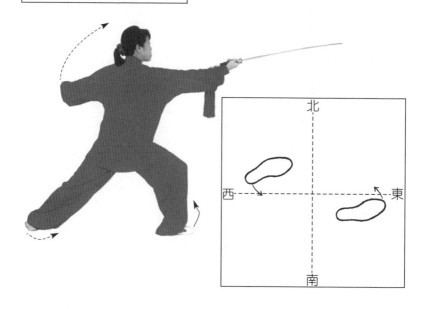

重心後移，兩腳以腳掌為軸蹍步，身體右轉（約90°），成橫弓步。同時右手握劍屈肘經胸前向右平擺舉斬劍，手心朝上，劍尖向前，高於腕；左劍指向左分展，側舉與腰同高，臂微屈，手心朝外。目視劍尖。

扣腳轉體與移重心、平斬劍必須協調一致，同步到位。回身動作不要起伏。不要聳肩，兩臂不要太直。

轉身平斬劍為呼氣。

【攻防用意】設對方向我右背刺來一劍，我即回身平斬，格開對方，並向對方頭部斬去。

137

第三段

二二、仆步穿劍

(三)橫弓步立抱劍

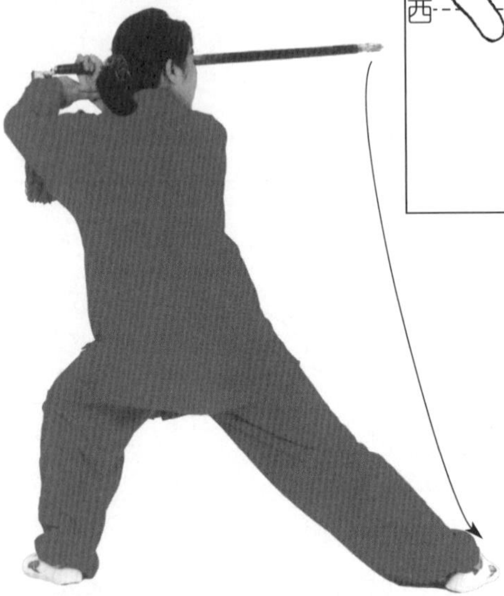

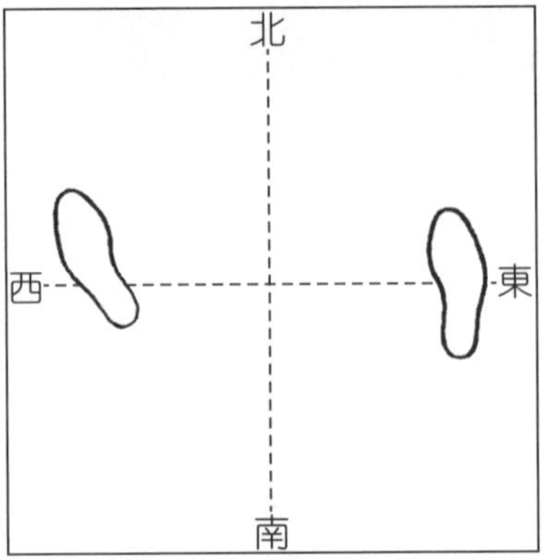

重心左移，上體微左轉（約30°），左腳跟內蹍，左腿屈膝半蹲；右腳尖內扣，右腿蹬伸，成左橫弓步。同時右手握劍臂內旋屈肘回帶至頭前上方，手心朝內，劍身平直，劍尖朝右；左劍指向上擺舉屈肘附於右腕內側，臂呈弧形，手心朝前。目視劍尖方向。

重心左移與回身抱劍要上下配合，同步到位。回抽上帶注意劍不要高過頭，不要聳肩、塌腰、扭胯。

橫弓步抱劍為吸氣。

【攻防用意】設對方向我頭部擊來，我即回帶用劍刃上架格帶。

第三段
二二、仆步穿劍
（四）仆步沉腕落劍

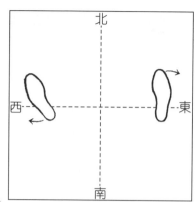

　　左腿屈膝全蹲成右仆步，上體微右轉（約30°）。同時右手握劍向下，手心朝外，置於襠前，劍身落於右腿內側，劍尖朝右；左劍指仍附於右腕。目視劍尖方向。

　　劍下沉與坐胯仆步須同時完成。要注意立腰切胯，劍要在襠前。仆步不要前俯，不要提腳跟，不要抬臀部。

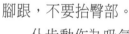

　　仆步動作為吸氣。

　　【攻防用意】設對方向我腹前刺來，我立即下沉用劍壓住對方之劍，準備進攻。

139

四十二式太極劍競賽套路分解教學

　　重心右移，右腳尖外擺，屈膝半蹲；左腳跟外蹍，成右弓步。同時身體微轉（約45°），右手握劍沿右腳內側向左上方後向前穿刺，腕同胸高，手臂自然伸直，手心朝前，劍尖向前；左劍指附於右腕。目視前方。

　　起身弓步與刺劍要求同步到位，注意不要凸臀、塌腰、前俯、聳肩。穿劍要貼腿向前穿劍。仆步穿劍要連貫一氣呵成。

　　弓步刺劍為呼氣。

　　【攻防用意】設對方又向我膝部擊來，我即回身穿劍用劍化開對方後，再刺向對方胸前。

140

第三段

二三、蹬腳架劍

(一)腳尖外擺舉劍

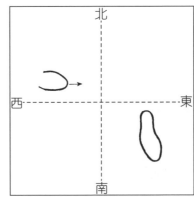

右腳尖外擺,左腳跟離地,上體微左轉(約45°)。同時右手握劍臂內旋向右上方擺舉於頭前上方,手心朝外,劍尖朝前;左劍指屈肘附於前臂內側,手心朝右。目視劍尖。

擺腳與上擺架劍和左劍指附於右臂內側應上下協調一致,同步完成。

擺腳後重心要前移。旋臂架劍圈子不要太大。

腳尖外擺舉架劍為吸氣。

【攻防用意】設對方向我頭部劈來一刀,我即擺腳轉身用劍將來刀格開以化解之。

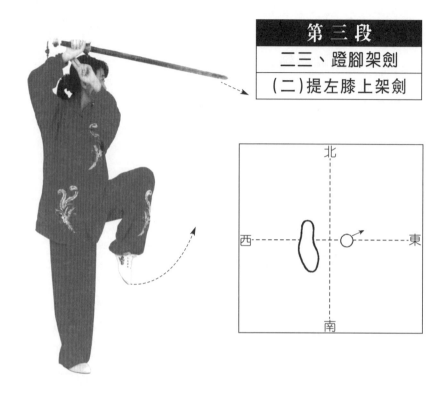

重心前移，上體微右轉（約45°），右腿自然直立；左腿經右腳踝內側屈膝提起，腳尖下垂，成獨立步。同時右手握劍向頭後上方帶，臂呈弧形架於頭前；左劍指附於右臂內側。目視劍尖方向。

移重心提腿獨立與上架劍要上下一致，同時完成到位。提腿腳尖要下垂。要立腰，肩要鬆沉。

提膝架劍為吸氣。

【攻防用意】設對方用劍向我腹前撩擊，我即提膝護襠並準備進攻。

第三段
二三、蹬腳架劍
(三)蹬腳架劍指訣

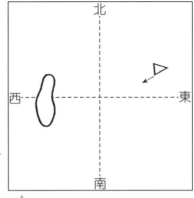

左腿以腳跟為力點，腳尖勾起，向左側蹬腳。同時右手握劍上架臂微屈；左劍指向左側指出，臂自然伸直，腕同肩高，手心朝前，指尖朝上。目視劍指方向。

蹬腳、劍指與劍尖必須是向同一方向。蹬腳與架劍、劍指要協調一致。右腿獨立必須站穩，蹬腿的高度要過腰。

蹬腳為吸氣。

【攻防用意】接上動，用腳蹬對方的胸部。

四十二式太極劍競賽套路分解教學

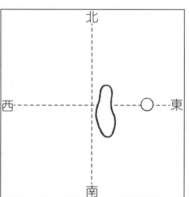

第三段

二四、提膝點劍

（一）左腳屈膝下垂

北

西 —————— 東

南

左腿屈膝，成右獨立步，腳尖下垂。目視前方。

要注意立腰，肩要鬆沉。

提膝架劍為呼氣。

【攻防用意】設對方用劍向我腹前刺來，我即提膝護
襠，並準備進攻。

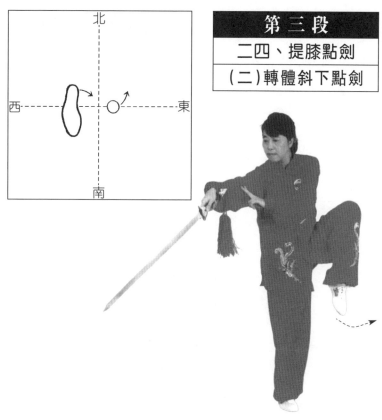

第三段

二四、提膝點劍

（二）轉體斜下點劍

　　上體右轉（約45°）。同時右手握劍向右斜前下方點劍，劍尖與膝同高；左劍指屈肘右擺附於右前臂內側，手心朝下。目視劍尖方向。

　　提膝與轉體點劍要協調一致。支撐腿要站穩，點劍上體不要前俯，提膝不要開襠太大。

　　提膝點劍為吸氣。

　　【攻防用意】設對方向我右腰襲來，我回身點劍攻擊對方腕部，化解來招。

四十二式太極劍競賽套路分解教學

145

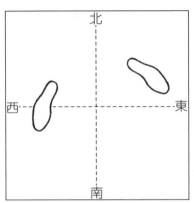

北

西———東

南

　　右腿屈膝半蹲，順勢右腳跟內蹍，足尖向前；左腿向左後方落步，腿自然蹬伸，成右弓步。劍與劍指不變。

　　撤步要求身體下沉，弓步不得前傾凸臀。

　　落步成弓步為呼氣。

四十二式太極劍競賽套路分解教學

146　　　【攻防用意】撤步以靜制動。

第三段
二五、仆步橫掃
（二）仆步穿指

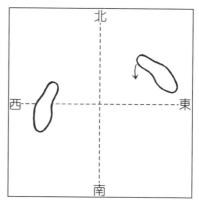

北

西 ---- 東

南

右腿全蹲，身體左轉成左仆步。同時右手握劍下沉；左劍指屈肘內旋，經左肋前向後反插至左腿外側，手心朝外。目視左側方。

左轉仆步與反插指須同時完成。仆步時上身不得前俯、凸臀。全蹲腳不得提腳跟或掀腳掌。

仆步插指為吸氣。

【攻防用意】設對方向我胸腹部擊來，我即下勢閃開對方的攻擊，用劍指反插對方下部。

四十二式太極劍競賽套路分解教學

上動不停，右手握劍臂外旋，沉腕落至右膝前上方，手心朝上；左手向上抬起，手心朝外。目視劍尖。

仆步橫掃與轉腰要協調一致。半蹲掃劍不要凸臀、弓背，雙臂要微屈、不得僵硬。

仆步掃劍為呼氣。

【攻防用意】我用劍橫掃對方的腳踝和膝部。

上動不停，重心左移，上體左轉（約90°），左腳屈膝，腳尖外展；右腳跟外展蹍步成弓步。同時右手握劍向左平掃劍，腕同腰高，手心朝上，臂微屈，劍尖朝前下方低於腕；左劍指經左向上，臂呈弧形舉於頭上方，手心朝上。目視劍尖。

仆步轉換成弓步時，不要上體前傾、凸臀、拱背。平掃劍要連貫一氣呵成。

【攻防用意】設對方襲擊我上身部位，我以下勢閃開對方襲擊，然後用劍橫掃對方的腳踝和胸腹部。

四十二式太極劍競賽套路分解教學

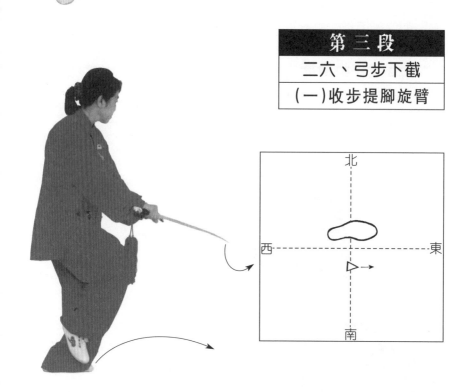

重心前移，右腳收至左腳內側（腳不觸地）。同時右手握劍臂內旋畫弧撥劍，腕同腰高，手心朝下，劍尖朝左前下方；左劍指下落附於右腕內側，手心朝下。目視劍尖。

右手握劍內旋撥劍與移重心、提腳須協調一致，同步完成。注意鬆腰鬆胯，不要塌腰、凸臀，上體正直，不可前傾。

提腳撥劍為吸氣。

【攻防用意】設對方向我右側腰部刺來一劍，我即旋臂撥劍化解來招。

第三段
二六、弓步下截
(二)右斜上步撥劍

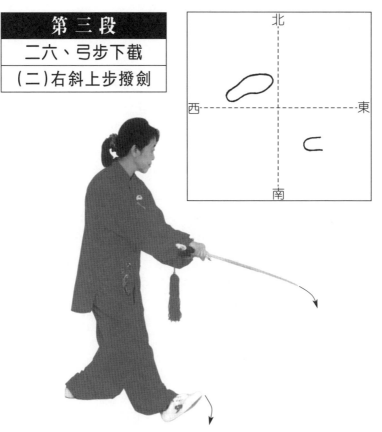

北

西　　　　　　　　東

南

　　右腳向右斜前方上步,腳跟著地。右手撥劍,腕同腰高,手心朝下,劍尖朝左前下方;左劍指附於右腕處。目視劍尖。

　　右腳落步與撥劍要同時完成。上步要輕靈,撥劍用內力控劍。

　　落步撥劍為呼氣。

【攻防用意】上步撥劍格擋對方向我腹前刺來之劍。

四十二式太極劍競賽套路分解教學

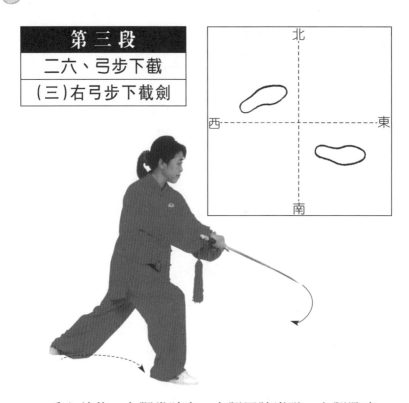

第三段

二六、弓步下截

（三）右弓步下截劍

重心前移，右腳掌踏實，右腿屈膝半蹲；左腿蹬直，成右弓步。上體微左轉（約30°），同時右手握劍向右前方畫弧截劍，臂微屈，腕同胸高，虎口朝下，劍尖朝下方；左劍指屈肘下落附於右腕內側，手心朝下。目視劍尖。

向前弓步與下截劍須同時完成，劍和移重心同時到位。截劍時注意不要上體前俯、凸臀和塌腰。兩手臂不要僵硬挺直。

移重心時為吸氣，弓步截劍為呼氣。

【攻防用意】設對方向我腰部以下部位擊來，我用截劍來斜截對方以化解腰部以下的襲擊。

第三段

二六、弓步下截

（四）收步提腳旋臂

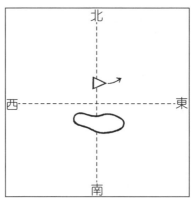

重心前移至右腿，左腳收步提至右腳內側（腳不觸地）。同時右手握劍臂外旋畫弧撥劍至右胯旁，手心朝上，劍尖朝右前下方；左劍指附於右腕內側，手心朝下。目視劍尖。

移重心與右手握劍臂外旋，撥劍要同時完成。收步與畫弧至右胯旁應協調一致，同步到位。旋臂時劍弧度不要太大，要用腕關節配合，動作要下沉。

提步旋臂當吸氣。

【攻防用意】設對方向我左腰側刺來一劍，我即旋臂用劍絞貼，以備進攻。

第三段
二六、弓步下截
(五)左腳上步撥劍

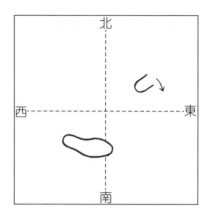

　　　　　　左腳向左斜前方上步，腳跟
著地。同時上體微左轉，右手握
劍隨體轉撥劍，手心朝上，劍尖
朝右；左劍指仍附於右腕內側。
目視劍尖。

　　轉體與撥劍向左帶劍應同時完成。上下協調，撥劍要
用內在力，力點在劍刃前半部。上步一定要輕靈，不能凸
臀、弓背。

　　上步撥劍為呼氣。

　　【攻防用意】設對方向我腹部刺來一劍，我即上步左
轉並用撥劍來化解，並準備攻擊對方腹部。

四十二式太極劍競賽套路分解教學

第三段

二六、弓步下截

(六)左弓步下截劍

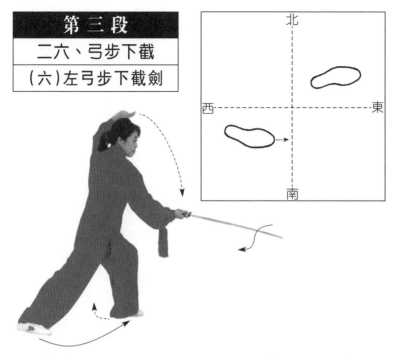

重心前移，左腿屈膝半蹲；右腿蹬直，成左弓步。同時右手握劍向左畫弧屈肘截劍至左斜前方，腕同胸高，手心朝上，劍尖朝前下方；左劍指向左前上方畫弧擺舉呈弧形舉於頭前上方，手心朝外。目視劍尖。

弧形撥劍要以腕為軸，手腕要鬆活，劍尖形成一小圓弧。截劍時要以身帶劍，身隨步轉，動作要柔和。要鬆胯，不要塌腰、凸臀，上體不可前傾，要正直。整個動作要協調連貫圓活。

移重心為吸氣，弓步為呼氣。

【攻防用意】移重心弓步截劍是為了橫截對方之劍，防止對方向我腰部以下的襲擊。

四十二式太極劍競賽套路分解教學

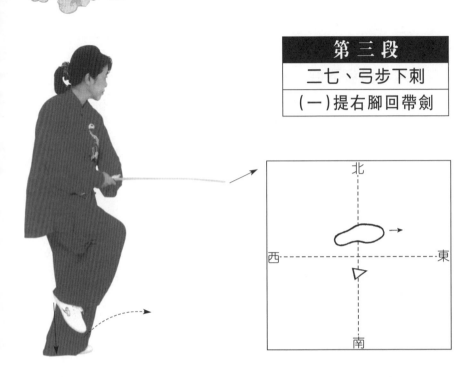

第三段

二七、弓步下刺

（一）提右腳回帶劍

　　重心前移，提右腳在左腳內側。同時上體微右轉（約30°），右手握劍屈肘回帶至右肋前，手心朝上，劍尖朝前，低於手；左劍指下落，先前伸，後隨右手屈肘回帶，手心朝下。目視劍尖。

　　移重心提步和屈肘回帶劍應協調一致，同步完成。回帶劍時要有點沉勁，弧度不要太大。提腿不要太高，不要前俯上體和凸臀。

　　提步回帶劍為吸氣。

　　【攻防用意】設對方向我右腰刺來一劍，我即移重心提步回帶劍以化解之。

二七、弓步下刺

（二）震腳點步抱劍

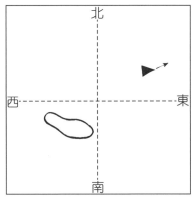

北

西 － － － － － － － － 東

南

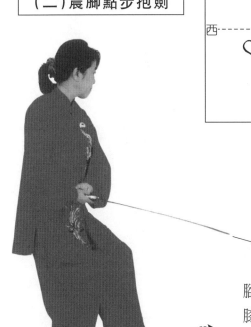

右腳在左腳後方震
腳，屈膝半蹲；左腳屈
膝半蹲提起左腳跟，腳
尖點地。同時上體左轉
（約 30°），右手握劍
至腹前。目視劍尖。

右腳在左腳後方震腳和左腳向前虛點地面應協調一
致，同步到位。震腳應當發勁，右腳不要太高，勁力要下
沉，左腳提腳跟虛點地面，只需用三分勁，身體重心在右
腳。不要弓背、塌腰、凸臀。

震腳時為呼氣。

四十二式太極劍競賽套路分解教學

【攻防用意】震腳是為了鎮住對方，以備進攻。

左腳向左前方上步，屈膝半蹲；右腿自然蹬直，成左弓步。上體微左轉（約30°），同時右手握劍向左前下方刺出，腕同腰高，手心朝上；左劍指仍附於右腕內側，手心朝下。目視劍尖。

刺劍與弓步要協調一致，刺劍時要以轉腰回帶為蓄勁，轉腰沉胯下刺為發勁，要求鬆彈，力貫劍尖。上體不可前俯、拱背、塌腰。

上步為吸氣，弓步刺劍為呼氣。

【攻防用意】設對方向我胸部襲來，我用劍貼前下刺出攻其膝蓋。

第三段

二八、右左雲抹

(一)收步提腳沉腕

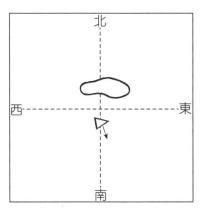

重心前移，收右腳提至左腿內側而不落地。上體微左轉（約30°），同時右手握劍內旋向左帶再外旋向下沉腕，手心斜向上，腕同腰高，臂微屈，劍尖低於手；左劍指微向上向左帶向前經胸前向右畫弧至右臂上方，手心朝右。目視劍尖。

收步提腳與臂外旋應協調一致。劍指應與劍在體前畫弧要互相配合。旋腕畫弧沉腕不要太大，提步不要太高。不要前俯、凸臀。

旋臂沉腕為吸氣。

【攻防用意】設對方向我腕部刺來，我即旋腕下沉化解來招。

四十二式太極劍競賽套路分解教學

159

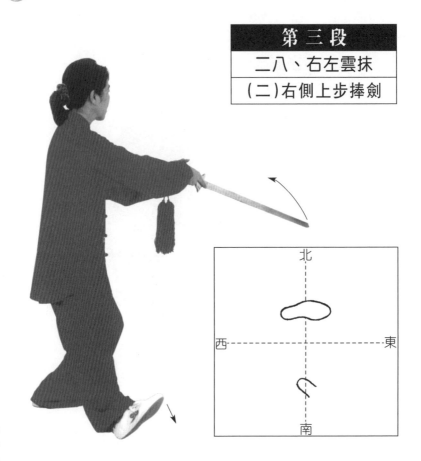

　　右腳向右前方上步，腳跟著地。同時左劍指經右前臂向左分開。目視劍尖。

　　上步與分指應當協調一致。上步時重心仍在左腿，不要失重心。

　　上步為呼氣。

　　【攻防用意】以靜制動。

二八、右左雲抹

(三)橫弓步分削劍

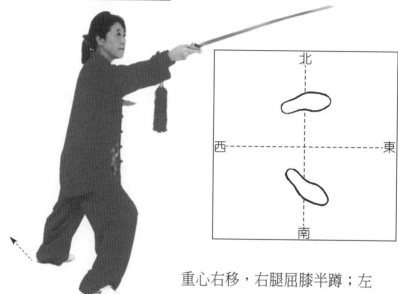

　　重心右移，右腿屈膝半蹲；左腿伸直，成右橫弓步。同時上體微右轉（約30°），右手握劍向右上方畫弧削劍，臂微屈，手心朝上，劍尖高與肩齊；左劍指向左畫弧分展舉於左前方，與胸同高，手心朝外。目視劍尖。

　　移重心與右轉削劍應同步到位。分指與削劍應協調配合。力點在劍刃前部。削劍時上臂不要僵硬挺直，不要聳肩、塌腰、前傾。

　　移重心削劍為吸氣。

　　【攻防用意】設對方向我右側上方擊來，我即用移重心弓步削劍化解，並向其肩部削去。

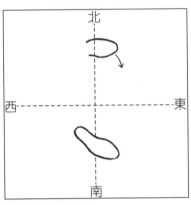

上體微右轉（約30°），重心向右前移，左腳跟提起。同時右手握劍向右畫弧，左劍指向右畫弧擺至胸前。目視劍尖。

雲撥劍要以轉腰與旋腕協調配合。雲撥劍弧圈不要太大，應用腕關節來旋腕。

轉體畫弧為呼氣。

【攻防用意】設對方向我頭部襲來，我即用腕花化解來招。

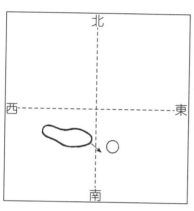

　　身體重心右移，上體微左轉，左腿提起，膝部微屈。同時右手握劍向左臂內旋畫弧雲劍，擺至體前，手心朝下，劍尖朝左；左劍指與右手在胸前相合，附於右腕處。目視劍尖。

　　提左腿和轉腰、雲劍要協調配合，同步到位。提腿必須懸垂在右腿前方。

　　提腳雲劍為吸氣。

　　【攻防用意】設對方向我左側頭部擊來，我即移重心用雲劍撥開來招。

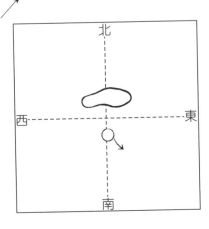

北

西 —————————— 東

南

左腿向右腳前蓋落步，膝微屈；右腳在左腳即將落地時蹬地，屈膝提至左小腿後而不落地，腳尖自然下垂。同時右手握劍於左腹前，手心朝下；左劍指仍附於右腕處，目視劍尖。

蓋步和提腳應同時完成。劍隨腰轉於腹前應與下腳協調配合，蓋步要輕靈，跳步不要太高，要沉穩，在右腳前落步。上體不要前傾，不要凸臀。

蓋步提步為呼氣。

【攻防用意】設對方向我左膝刺來，我即蓋跳步讓開，以備進攻。

第三段

二八、右左雲抹

(七)右斜落步持劍

　　右腳向右前方落步，腳跟著地。右手持劍向前引伸，左劍指不變。目視劍尖方向。

　　上步與劍向前引伸應同時完成。引伸的劍和臂不能僵直，要柔和、沉勁。

　　前步為吸氣。

　　【攻防用意】以靜制動。

四十二式太極劍競賽套路分解教學

第三段

二八、右左雲抹

（八）右弓步右抹劍

　　重心右移，右腳掌踏實，屈膝半蹲；左腿蹬直，成右弓步。同時上體右轉（約30°），右手高與胸齊，握劍隨體向右平抹劍至右前方，手心朝下，劍尖斜向左前方；左劍指仍附於右腕內側，手心朝下。目視劍尖方向。

　　抹劍和移重心、轉腰須同步到位，抹劍時劍要平抹，力貫劍身，不要弓背、凸臀。

　　弓步抹劍時為呼氣。

　　【攻防用意】重心前移，用劍向右平抹對方肩部和胸部。

四十二式太極劍競賽套路分解教學

166

第三段
二八、右左雲抹
（九）提左腿右帶劍

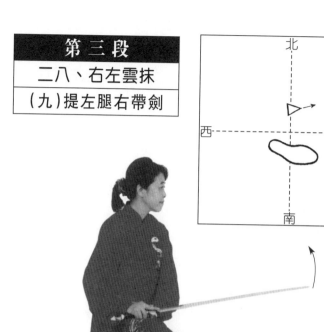

　　重心右移，收左腳至右腳內側（腳不觸地），同時上體右轉，右手握劍隨體轉向右腹前略屈肘回帶，手心朝下，劍尖向左前方；劍指仍附於右腕處，目視劍尖。

　　移重心收左腳與回帶劍須同時完成。提步不要太高。

　　提步帶刺為吸氣。

【攻防用意】以靜制動。

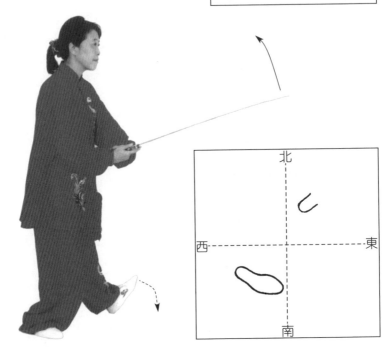

左腳向左側前方落步，腳跟著地。同時上體微左轉約30°。右手握劍外旋向前伸送，手心朝上；左劍指仍附於右腕處。目視劍尖。

左側落步與引伸刺劍須同時完成。引伸刺劍臂不能僵直。

落步引刺為呼氣。

【攻防用意】以靜制動。

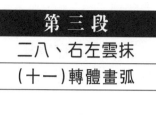

第三段

二八、右左雲抹

（十一）轉體畫弧

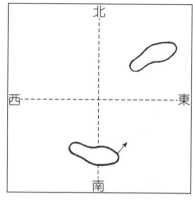

重心左移，左腳掌踏實，屈膝；右腿伸直，成左弓步。同時上體左轉（約30°），右手向前伸送後向左抹帶，腕同胸高，手心朝下，劍尖朝前；左劍指經前向左畫弧，擺舉至體左側，手心朝外。目視劍尖。

移重心與左轉畫弧須上下協調一致，同步到位。持劍的臂不要太直。

弓步畫弧為呼氣。

【攻防用意】設對方向我左胸刺來，我即向左移重心，用劍向左畫弧格開來劍。

169

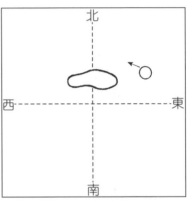

身體重心左移，上體微左轉，提右腳，膝微屈。同時右手握劍向左臂外旋雲劍，手心斜朝上，劍尖朝右；左劍指舉於左前方。目視劍的方向。

提右腳、轉腰與雲劍要協調一致，同步到位。提腿必須在左腿前方。

提腳雲劍為吸氣。

【攻防用意】設對方向我右側頭部擊來，我即移重心用雲劍撥開來招。

二八、右左雲抹

（十三）蓋步提腳持劍

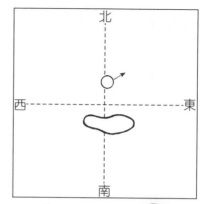

右腳向左前方蓋落步，膝微屈；左腳
在右腳即將落地時蹬地，屈膝提至右小腿
後而不落地，腳尖自然下垂。同時右手握
劍於右腹前，手心朝上；左劍指附於右腕處。目視劍尖。

　右腳蓋步和提左腳應同時完成，蓋步要輕靈，劍隨腰
轉於腹前應與下肢協調配合。蓋跳步不要太高，要沉穩，
要求在左腳前落步。上體不要前傾、凸臀。

　【攻防用意】設對方向我左膝刺來，我即蓋跳步讓開
以備反擊。

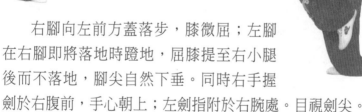

四十二式太極劍競賽套路分解教學

171

第三段

二八、右左雲抹

(十四) 落左腳左畫弧

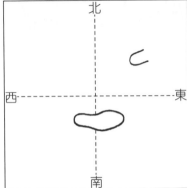

左腳向左前方落步，腳跟著地。同時右手握劍向前伸送畫弧，手心朝上；左劍指仍附於右腕處。目視劍尖。

左腳上步與劍畫弧應同時完成。兩臂不可僵直。

落腳劍畫弧為吸氣。

【攻防用意】以靜制動。

第三段

二八、右左雲抹

(十五)左弓步左抹劍

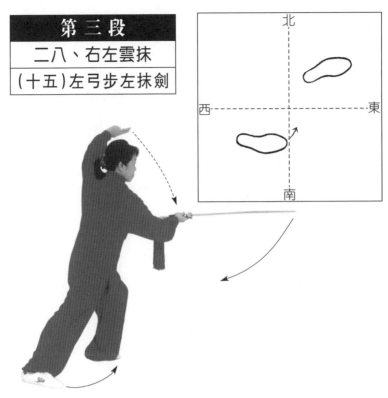

　　重心左移，左腳掌踏實，屈膝半蹲；右腿蹬直，成左弓步。同時上體左轉（約30°），右手握劍隨體向左平抹劍至左前方，手心朝上，劍尖朝右斜前方；劍指向左畫弧呈弧形架舉於頭前上方。目視劍尖。

　　右左雲抹要以身帶劍，運行時要連貫圓活，不要弓背、凸臀。左右雲抹時劍要連貫完成。

　　弓步平抹劍為呼氣。

　　【攻防用意】重心前移，用劍向右畫弧平抹對方肩部和胸部。

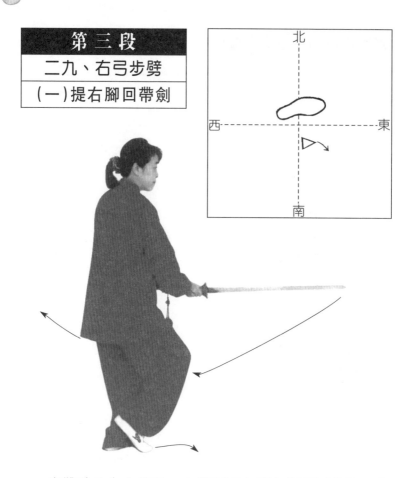

第三段
二九、右弓步劈
（一）提右腳回帶劍

　　身體重心向左前移，右腳跟至左腳內側而不落地。上體微左轉，同時右手握劍，劍刃領先，沉腕向下向左畫弧；左劍指下落於胸前。目視劍尖。

　　提步與轉體沉腕畫弧應同時完成。提步不要太高，不要前傾、凸臀。

　　提腳回帶為吸氣。

　　【攻防用意】以靜制動。

四十二式太極劍競賽套路分解教學

第三段

二九、右弓步劈

(二)落步旋臂架劍

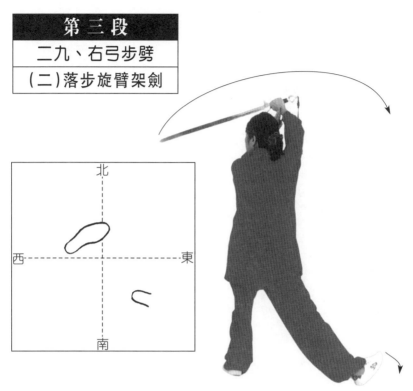

　　右腳向右斜前方落步，腳跟著地。同時上體微右轉（約30°），右手握劍向左後畫弧，臂內旋，向上架於頭上方，劍尖朝左，低於腕；劍指附於右臂內側。目視劍尖方向。

　　右腳上步與旋臂轉腰須協調一致，同步完成。不要聳肩、凸臀。

　　上步架劍為呼氣。

　　【攻防用意】設對方向我頭部擊來，我即上步旋臂架劍以格擋化解來招。

重心前移，右腳掌踏實，屈膝半蹲；左腿蹬直，成右弓步。同時身體向右轉（約90°），右手握劍向右前方立劍弧形下劈，腕同胸高，劍與臂呈一直線；左劍指經下向左上畫弧，臂呈弧形架舉於頭上方，手心朝外。目視劍尖。

弓步與劈劍要協調一致，速度緩慢、均勻，動作連貫，臂與劍呈一直線，勁力貫於劍刃。不要拱背、凸臀、聳肩。

重心前移為吸氣，劈劍為呼氣。

【攻防用意】設對方向我腿部擊來，我用劍向下劈擊腕部及肩部。

第三段

三十、後舉腿架劍

（一）上步蓋步持劍

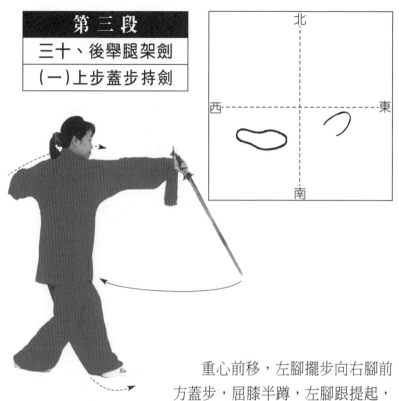

重心前移，左腳擺步向右腳前方蓋步，屈膝半蹲，左腳跟提起，屈膝半蹲，上體微左轉（約30°）。同時右手臂內旋，握劍上提，劍尖向下，手心朝外；左劍指屈肘下落於胯旁。目視劍柄方向。

重心前移與提腳向前蓋步及下掛劍要同時完成。掛劍和轉腰要協調一致。蓋步必須橫落腳，要求落在右腳前方，上體不要前俯、塌腰。動作要下沉。

上步掛劍為吸氣。

【攻防用意】設對方向我膝部刺來一劍，我用蓋步和掛劍將其格開。

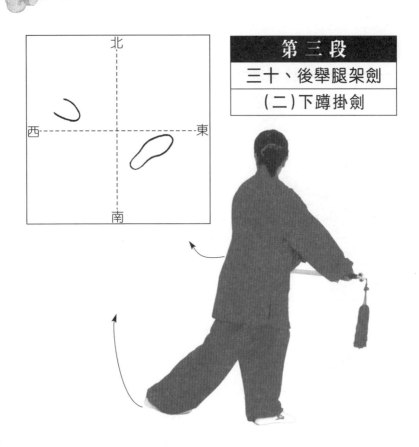

　　重心前移，上體微左轉。同時，右手持劍繼續向下向左掛劍，手心向內，劍尖向左；左劍指向右經左胯旁至腹前，附於右臂內側。目視劍尖方向。

　　轉體與掛劍要同時協調完成。掛劍要呈弧形。上體不要前俯，動作要下沉。

　　下蹲掛劍為吸氣。

　　【攻防用意】設對方向我腹前刺來一劍，我用掛劍將其化解。

四十二式太極劍競賽套路分解教學

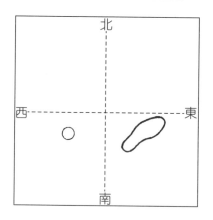

重心前移，左腳屈膝半蹲；右腿屈膝後舉小腿，腳面繃平，上體左轉（約45°）。右手握劍向左掛劍，腕同腰高，劍尖朝右；左劍指屈肘附於右前臂上，手心朝外。目視劍尖。

屈膝與抬腿及掛劍要協調一致，同步完成，支撐腿必須半蹲。動作要下沉，不要前俯、凸臀。

前移為呼氣，抬腿掛劍為吸氣。

【攻防用意】設對方向我左側後擊來，我用抬腿倒踢對方襠部，並用劍刺對方腰部。

四十二式太極劍競賽套路分解教學

179

　　左腿直立；右腿後舉同臀高，上體略右轉。同時右手握劍向上架於頭前上方，手心朝外（離頭部約10公分），劍尖朝左；左劍指經面前向左擺舉，臂微屈，指尖朝上，手心朝外。目視劍指。

　　左劍指與劍尖均指向同一方向。舉腿架劍和劍指動作要協調一致，獨立步要穩。上身不要前俯，不要凸臀、聳肩。

　　舉腿橫架劍為呼氣。

　　【攻防用意】設對方向我左側擊來，我即以劍上架擋開，並用腳向後撩踢攻擊對方襠部。

　　左腿屈膝，上體右轉，右腳向右斜方落步，腳跟著地；右腿自然伸直。同時右手握劍向右擺舉，劍尖向上，高於右腕。目視左前方。劍指同上動不變。

　　落步與劍下落要配合協調。不要挺腹、塌腰。

　　落步為吸氣。

【攻防用意】以靜制動。

四十二式太極劍競賽套路分解教學

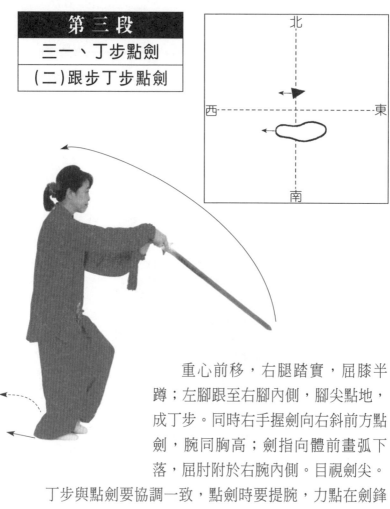

第三段

三一、丁步點劍

(二)跟步丁步點劍

北

西——————————東

南

重心前移，右腿踏實，屈膝半
蹲；左腳跟至右腳內側，腳尖點地，
成丁步。同時右手握劍向右斜前方點
劍，腕同胸高；劍指向體前畫弧下
落，屈肘附於右腕內側。目視劍尖。

丁步與點劍要協調一致，點劍時要提腕，力點在劍鋒
處，劍尖低於腕部。右手握劍不要太緊。不要聳肩、低
頭、前俯。

丁步點劍為呼氣。

【攻防用意】設對方向我右腰襲來，我上步避開，回
身用劍點擊對方腕部。

第三段

三二、馬步推劍

(一)左後撤步收劍

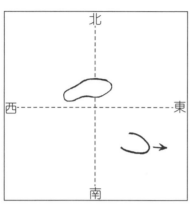

左腳向左後方撤步，重心後移，左腿隨重心後移，腿屈膝；右腿屈膝，腳掌擦地向後撤半步，腳跟提起，腿微屈。上體向右擰轉（約45°），同時右手握劍沉腕立劍，虎口朝上，屈肘收至右肋下，劍身豎直，劍刃朝前，劍尖朝上；左劍指附於右腕內側，手心朝下。目視右側。

撤步與沉腕立劍和右腿撤半步與收劍都必須協調配合，同步到位。撤步不要騰空，要注意腰的轉動配合，不要弓腰、拱背。

撤步收劍為吸氣。

【攻防用意】設對方向我右腰刺來一劍，我即撤步用劍格開對方，並收至右腰側，準備進攻。

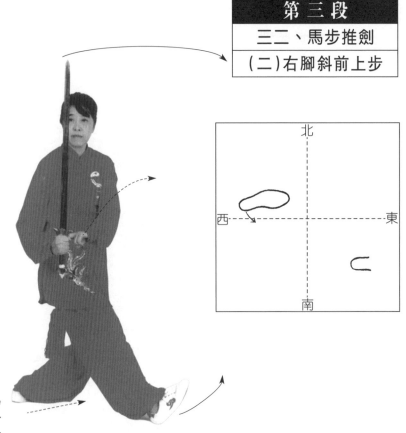

　　重心前移，右腳向右斜前方上步，腳跟著地。上體微右轉，立劍至胸前，目視劍身。

　　右腳向前上步與轉腰要配合一致。右腳上步要大，要用腰和劍的配合協調完成。

　　上步為呼氣。

　　【攻防用意】上步以備進攻。

第三段

三二、馬步推劍

（三）跟步馬步推劍

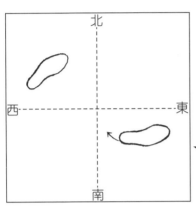

　　扣右腳，左腳跟滑半步，上體左轉（約45°），兩腿屈膝半蹲成馬步。同時右手握劍向右斜前方立劍推出，腕同胸高，劍尖朝上，力貫劍身前刃上；左劍指經胸前向左推舉，手心朝外，指尖朝前，與肩同高。目視右側。

　　馬步與推劍要協調一致。推劍時要轉腰沉胯，順力向前發出。滑步不要跳起騰空。推劍和收劍要注意力從腰發，不要塌腰、拱背、凸臀。

　　轉腰為吸氣，跟步馬步推劍為呼氣。

　　【攻防用意】設對方向我右側進攻，我撤步將來劍帶回並貼住其劍身收劍，然後向前削對方的手臂，用劍柄擊其腹部。

第四段
三三、獨立上托
（一）右撤步持劍

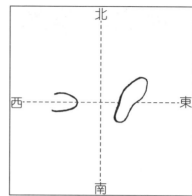

身體重心左移，右腳向左後插步，前腳掌著地，上體微右轉（約30°）。同時右手握劍劍尖向下畫弧，劍尖與肩同高；左劍指方向不變，繼續向左上方擺起，高於耳上端。目視劍尖。

撤步與右手畫弧要協調一致，同步完成。重心先後移，然後撤步。劍向下畫弧時身體不要前俯，不要拱背、凸臀。

撤步持劍為吸氣。

【攻防用意】以靜制動。

四十二式太極劍競賽套路分解教學

三三、獨立上托

（二）歇步劍腕花

　　重心後移，身體下沉，兩腿屈膝下蹲成歇步。同時右手握劍以腕為軸，右臂外旋翻腕，使劍尖向下向後向上向前在體右側立圓畫弧至胸前，虎口朝上，腕與胸高；左劍指略向前擺舉。目視左前方。

　　劍腕花須與上體下沉協調一致。不要塌腰和前俯。劍腕花時腕關節要鬆沉。

　　後坐顯圓手花為呼氣。

　　【攻防用意】設對方向我腹前刺來一劍，我即後坐剪腕花將其格開。

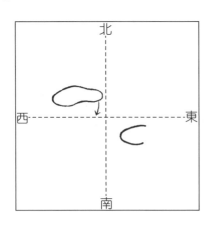

北

西 ———— 東

南

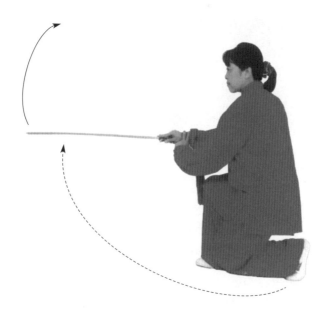

　　重心後移，以右腳掌左腳跟為軸蹍步，向右後轉身
（180°）。同時右手握劍前臂內旋，隨體以劍身領先向下
向右後方畫弧擺舉至腹前；左劍指隨體轉附於右腕內側。
目視前方。

第四段

三三、獨立上托

（四）右獨立上托劍

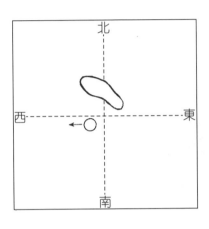

　　右腿自然直立；左腿屈膝提起，成右獨立步。同時右手握劍臂內旋向上托舉架於右額上方（約10公分），劍身平直，劍尖朝左；左劍指附於右腕前臂內側，手心朝下。目視左側。

　　提膝與架劍須同步到位。上體不要前俯，不要凸臀。獨立時不要塌腰、拱背。

　　提膝架劍為呼氣。

　　【攻防用意】設對方向我頭部擊來，我以劍向上托架化解之。

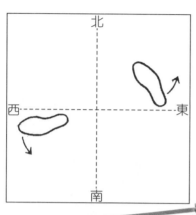

　　左腿下落向左擺步著地。同時右手握劍，劍尖向下；左劍指附於右腕內側。目視劍尖。

　　落步與下落劍要同時完成。不要聳肩、凸臀。

　　落步掛劍為吸氣。

　　【攻防用意】以靜制動。

第四段
三四、進步掛劍
（二）擺腳轉體掛劍

　　擺左腳，重心前移至左腿，左腿屈膝；右腳跟提起。同時上體左轉，右手握劍從前向下向左後畫弧掛劍至腹前；左劍指附於右腕上。目視劍尖。

　　擺腳、轉體與掛劍三者須協調一致，同步到位。動作要連貫，上體不可前俯、弓背，兩腿要屈膝。

　　轉體掛劍為呼氣。

　　【攻防用意】設對方向我左腰側擊來，我用轉腰掛劍化解來招。

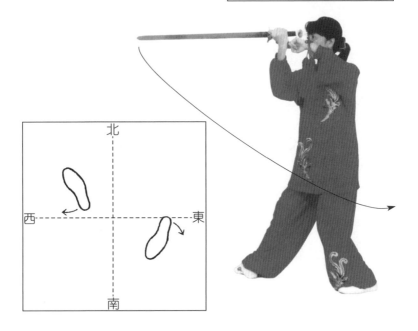

　　重心前移，右腳向前擺步著地，上體微右轉（約30°）。同時右手握劍，臂外旋向左後上方向前掛劍，手心朝外，劍尖朝前；左劍指仍附於右腕內側。目視劍尖方向。

　　上步與向前掛劍須協調一致，同步到位。上虛步時襠不可夾得太緊，不可扭胯、扭腰。

　　上步掛劍為吸氣。

　　【攻防用意】以靜制動。

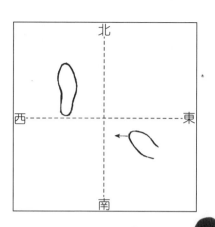

　　重心前移，屈膝半蹲；左腿自然伸直，提左腿跟，上體右轉（約90°）。同時右手握劍向下向右後掛劍；左劍指向前畫弧，分開屈臂至頭前。目視右方。

　　轉體與右後掛劍須協調一致，同步到位。不能扭腰、前俯和拱背。

　　轉體掛劍為呼氣。

　　【攻防用意】設對方向我後腰刺來，我即用劍將來劍掛開，以備進攻。

四十二式太極劍競賽套路分解教學

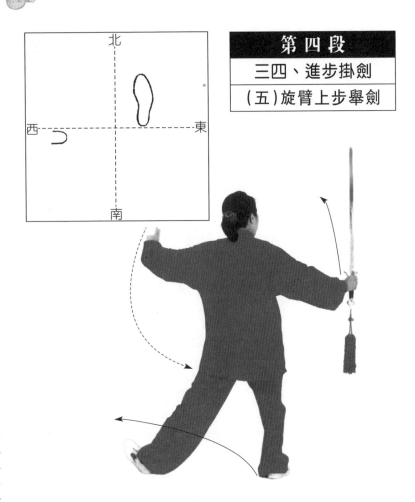

重心前移至右腿，左腳上步，腳跟著地，同時上體微左轉（約45°）。右手握劍向上掛劍，手心朝右，虎口朝上；左劍指下落至胸前。目視右方。

轉體與上掛劍要協調一致，不要塌腰，臂不要僵直。

旋臂舉劍為呼氣。

【攻防用意】以靜制動。

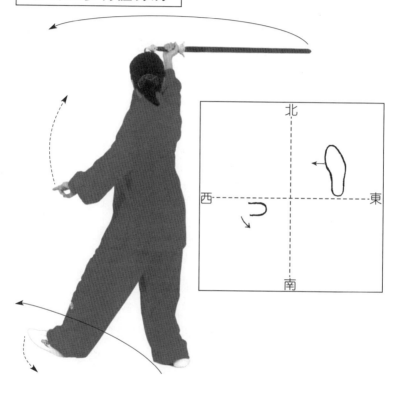

重心前移，身體左轉（約30°）。同時右手握劍，以劍柄領先向前平舉；劍指向下畫弧落於左胯旁。目視前方。

上步與平舉劍要協調一致。上步要輕靈，不能夾襠，兩臂不要太直。

上步轉體為吸氣。

【攻防用意】以靜制動。

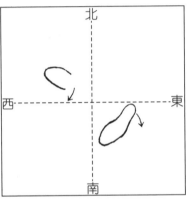

北

西 ---- 東

南

擺左腳，重心前移，左腳踏實，屈膝半蹲；右腳向右前方上步，腳掌虛點地面，微屈膝，成虛步。上體左轉（約45°），同時右手握劍向前下方提腕點劍，劍尖低於腕，手心朝左；左劍指經下向左畫弧呈弧形舉架於頭上方，手心朝外。目視劍尖方向。

上步掛劍時動作要連貫，要立圓，要貼近身體，左右轉動要協調配合。虛步與點劍要協調一致。上體不可前俯、挺胸。虛步時襠不可夾得太緊。不要凸臀。

上步點劍為呼氣。

【攻防用意】設對方向我左右膝部襲來，我用掛劍化開，立即上步用劍點擊對方腕部。

第四段

三五、歇步崩劍

（一）蹍腳叉步沉腕

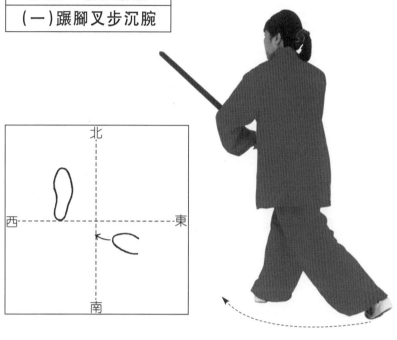

右腳跟內扣踏實，屈膝半蹲；左腳跟提起外展，重心前移，上體右轉（約45°）。同時右手握劍沉腕翹劍，向後帶至右腹前，手心朝內。劍尖朝左上方，低於肩；左劍指屈肘下落附於右腕上，手心朝右下。目視右前方。

扣腳轉體與沉劍須協調一致，同步到位。動作要下沉，撐腰。

蹍步轉體沉劍為吸氣。

【攻防用意】設對方向我刺來一劍，我轉體沉腕崩劍，攻對方腕關節以化解之。

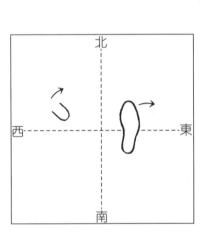

　　重心前移，左腳向前上步，腳跟著地。上體右轉，同時右手握劍回帶收至右胯旁；左劍指仍附於右腕。目視劍尖。

　　上步與收劍要協調一致。上步要輕靈，不要凸臀、前俯、弓背。

　　上步沉腕為呼氣。

　　【攻防用意】以靜制動。

第四段
三五、歇步崩劍
（三）轉身弓步反撩

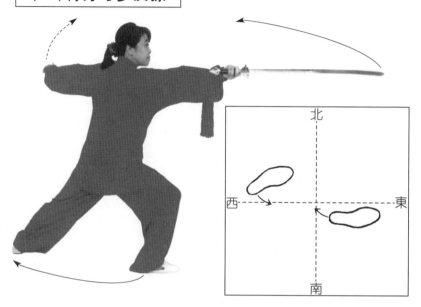

扣左腳，腳掌踏實，左腿自然蹬直；右腳外擺，身體右轉，右腿屈膝半蹲，成右弓步。同時右手握劍隨體向右前弧形反撩，腕同胸高，手心朝後，劍尖朝右；左劍指經下向左畫弧擺舉至肩平高度。目視劍尖。

扣腳與轉身、前移弓步與反撩劍均應同步到位。動作要連貫。雙臂不要僵直。

扣腳轉身為吸氣，弓步反撩為呼氣。

【攻防用意】設對方向右腰襲來，我回身反撩將來招化開，順勢上撩攻擊對方胸部。

199

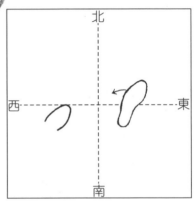

北

西 — — — — 東

南

　　重心後移，右腳向左腳後撤步，左腳跟內蹍，兩腿屈膝全蹲成歇步，身體微右轉。同時右手握劍臂外旋，虎口朝上後沉腕崩劍，腕同腰高；左劍指向上呈弧形舉於左上方，手心朝上。目視前方。

　　歇步與崩劍要協調一致。沉腕崩劍勁力要貫於劍刃前部。注意不要塌腰。

　　歇步崩劍為吸氣。

　　【攻防用意】設對方向我胸部擊來，我用崩劍反擊對方腕部。

第四段
三六、弓步反刺
(一)提左腳側舉劍

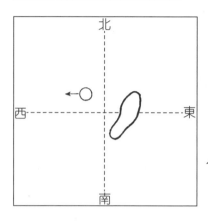

北

西 —— 東

南

重心後移，右腳跟踏實，右腿伸直起身直立；左腳屈膝提起，腳尖下垂，上體稍左傾。同時右手握劍屈肘側舉，腕低於胸，使劍身斜側舉於右肩上方，手心朝前，劍尖朝左上方；左劍指下落與肩同高。目視劍尖。

提膝、側舉劍和指尖須同步到位。提膝時先須移重心再起腿。側舉劍時上體要側傾，不要前俯、塌腰和拱背。

移重心時呼氣，提膝側舉為吸氣。

【攻防用意】設對方向我頭擊來，我起身抬腿側舉劍格開來招。

四十二式太極劍競賽套路分解教學

　　左腳向左前方落步,腳跟著地,上體微左轉。同時右手握劍向上抬於右肩上方,左劍指不變。目視左前方。

　　落腳舉劍要協調一致。不要凸臀。

　　落步舉劍為呼氣。

　　【攻防用意】以靜制動。

第四段
三六、弓步反刺
(三)弓步探身反刺

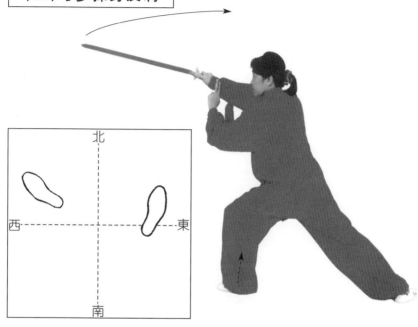

重心前移，左腳踏實，左腿屈膝半蹲；右腿自然蹬直，成左弓步。上體略左傾，同時右手握劍向前上探刺；左劍指向右與右臂在體前相合，附於右臂內側。目視劍尖。

動作要舒展大方。弓步與探刺要協調一致。不要前俯、凸臀、拱腰。

移重心為吸氣，弓步刺為呼氣。

【攻防用意】設對方向我右側頭部擊來，我側帶劍化開之，隨即弓步向對方頭部刺擊。

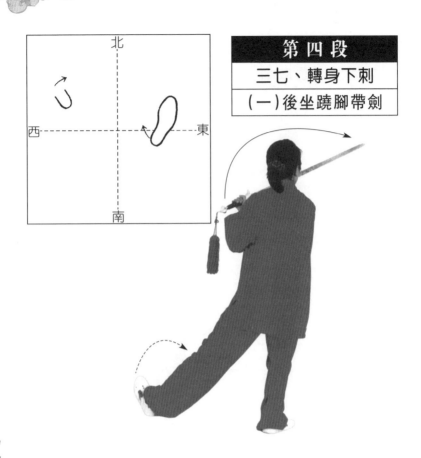

第四段

三七、轉身下刺

（一）後坐蹺腳帶劍

重心後移，右腿屈膝半蹲；左腳上蹺。同時右手握劍屈肘回帶至胸前，手心朝內，劍尖朝右上；左劍指附於右腕內側，手心朝外。目視右側。

後坐與屈肘回帶劍要協調一致，同步到位。回帶劍要求沉腕，不要扭腰、歪髖和聳肩。

後坐帶劍為吸氣。

【攻防用意】設對方向我右側後方刺來一劍，我即後坐回帶劍格開來劍。

第四段

三七、轉身下刺

（二）扣腳馬步端劍

上體右轉，左腳尖內扣，重心左移；右腳跟內扣，屈膝半蹲，成馬步。同時右手握劍屈肘回帶至左肩前，手心朝內，劍尖朝右，劍身橫立於雙肩前；左劍指不變。目視右側。

扣腳屈膝與回帶劍須協調一致，同步到位。馬步端劍上下要配合協調。此馬步不要太低，是過渡動作，腳尖不要外擺，更不要塌腰、凸臀、聳肩。

馬步橫立抱劍為呼氣。

【攻防用意】設對方向我胸部刺來一劍，我即屈膝下蹲用劍橫架於胸前格開來劍。

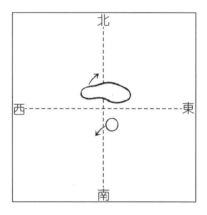

重心左移，左腳內扣，左腿伸直立；右腿屈膝提起，腳尖下；以左腳掌為軸蹻步，身體右轉（約45°）。同時右手握劍向右擺至右肩前，使劍尖向下畫弧至右膝外側，手心朝後，劍尖斜朝下；左劍指仍附於右腕上。目視劍尖。

重心先後移，再提膝提劍。蹻腳與轉體要協調一致。提膝要求穩，蹻腳不要失去重心。上體不要前俯，不要坐胯、凸臀。

提膝提劍為吸氣。

【攻防用意】設對方向我腹部和膝部刺來，我即提膝避用劍貼靠來劍，向上提帶，使其落空。

第四段
三七、轉身下刺
（四）蹍腳落步提劍

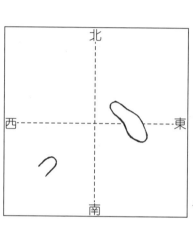

身體右轉（約90°），左腳跟向左外蹍轉；右腳向右後落步，腳跟著地；左腿屈膝半蹲。同時右手握劍隨體轉沉腕，收至腹前；左劍指不變。目視前方。

蹍腳與轉體要協調配合，劍要隨體轉。落步要輕靈，與沉腕收劍要配合一致。沉腕時雙臂不要僵直。

落步提劍為呼氣。

【攻防用意】設對方向我左腿刺來，我即蹍腳轉身下落劍格開來劍並反攻對方膝部。

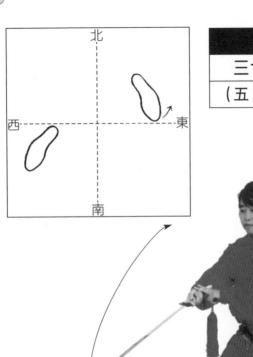

重心前移，右腿屈膝半蹲；左腿自然蹬直，成右弓步。同時右手握劍向前下方刺出，手心朝上，腕同腰高；左劍指仍附於右腕上，手心朝下。目視劍尖。

動作要連貫。蹍腳與轉身、刺劍與弓步均應協調一致。不要聳肩、凸臀，臂不要太直，上體不要過於前傾。

移重心為吸氣，弓步下刺為呼氣。

【攻防用意】用劍刺擊對方膝部。

第四段

三八、提膝提劍

(一)轉身帶劍

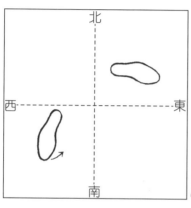

　　重心後移，上體左轉（約90°），左腳尖外擺，屈膝半蹲；右腿自然蹬直，成橫擋步。同時右手握劍，以劍柄領先，屈臂外旋，向左方帶劍（距頭部約20公分），手心朝內，劍尖朝右；左劍指附於右前臂內側，手心朝外。目視劍尖。

　　移重心與轉體要協調配合，擺腳尖、橫擋步與帶劍應同步到位。

　　轉身上帶劍為吸氣。

　　【攻防用意】設對方向我左後上方擊來，我即後帶劍上架格開來招。

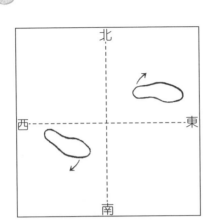

右腳尖內扣，上體左轉（約 90°）。同時右手從上向下畫弧至胸前，左劍指仍附於右腕處。目視劍尖。

轉身與畫弧要協調一致，動作要連貫。不要聳肩、前傾。

轉身畫弧為呼氣。

【攻防用意】設對方向我左腰擊來，我即轉身畫弧用劍削擋來招。

第四段

三八、提膝提劍

(三)橫襠步斜帶劍

　　右腳尖外擺，重心右移，右腿屈膝半蹲；左腿自然蹬直，左腳跟外蹍，成橫襠步。同時右手握劍劍柄領先，前臂內旋，手心朝下，經腹前至右胸前（約30公分），使劍尖經上向右畫弧，劍尖低於腕；左劍指附於右腕內側，手心朝外。目視劍尖。

　　移重心與下肢動作要配合一致，橫擋步和畫弧回抽帶劍應協調配合，同步到位。上身不要前傾或後仰，臂不要太直，不要抬肘。

　　橫擋步回帶劍為吸氣。

　　【攻防用意】設對方向我腹前刺劍，我即右移用劍回帶格開來劍。

四十二式太極劍競賽套路分解教學

　　右腿自然伸直，左腿屈膝提起成獨立步，上體微右轉
（約30°），稍前傾。同時右手握劍，劍柄領先向右向上
畫弧提劍，臂呈弧形舉於右前上方，腕同額高，虎口斜朝
下，劍尖置於左膝外側；左劍指經腹前向左畫弧擺舉，與
腰同高，手心朝下。目視左前下方。

　　提劍與提膝要協調一致，帶劍畫弧與轉身動作要連
貫。不要拱背，兩臂不要太直和聳肩。

　　提膝提劍為呼氣。

　　【攻防用意】設對方又向我左腰和左膝襲來，我即提
左腿避開，用提劍化解對方器械。

四十二式太極劍競賽套路分解教學

第四段

三九、行步穿劍

（一）左落步前穿劍

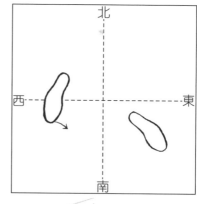

右腿屈膝，左腿向左落步，先腳跟著地，重心前移後，腳掌踏實，上體左轉。同時右手握劍前臂外旋，手心轉向上，劍尖領先經左肋下向左向前穿劍，腕同腰高，劍尖朝前；左劍指向右上方畫弧擺舉至左肩前方，手心朝外。目視劍尖。

落步穿劍要擰腰、沉胯。落步與穿劍要協調一致，同步到位。劍要隨腰轉胯，貼身。劍穿出後要平端。

落步穿劍為吸氣。

【攻防用意】用穿劍攻對方腰部。

四十二式太極劍競賽套路分解教學

213

第四段

三九、行步穿劍

(二)右擺步平擺劍

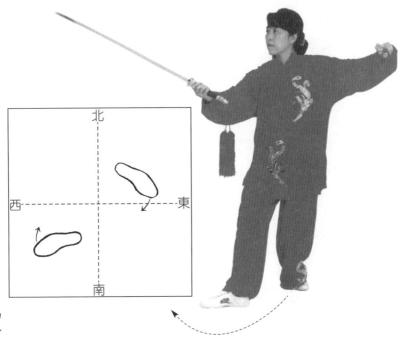

北

西 —— 東

南

　　重心前移，右腳微屈膝向右擺步，上體微向右轉。同時右手握劍，劍尖領先繼續向前向右畫弧穿劍，腕同胸高，劍尖朝右；左劍指經胸前向左分展側舉，臂呈弧形，手心朝外。目視劍尖。

　　動作要點和注意事項與（一）同。

　　右腳上步為吸氣。

【攻防用意】與（一）同。

四十二式太極劍競賽套路分解教學

214

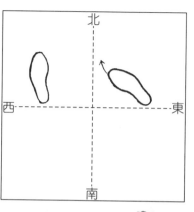

北

西 ---- 東

南

　　重心前移，左腳向右扣步。上體微向右轉，兩手動作不變，劍向右擺。目視劍尖。

　　動作要求和注意事項與（一）同。

　　左腳上步為呼氣。

【攻防用意】與（一）同。

四十二式太極劍競賽套路分解教學

第四段
三九、行步穿劍
（四）右擺步右擺劍

重心前移，微屈膝，右腳向右擺步，上體微向右轉。兩手動作不變，劍向左擺。目視劍尖。

上步和擺扣步法要協調連貫，不要有起伏。上步不要騰空或小跑，右腳上步要經過踝內側，左腳上步要經過右踝外側。雙腳都要求屈膝，撐腰，沉胯。上步與弧形穿劍要協調一致，同步到位。

右轉上步穿劍為吸氣。

【攻防用意】設對方向我胸部刺來，我即上步閃身，用劍掛穿對方腕部和腰部。

四十二式太極劍競賽套路分解教學

216

第四段
三九、行步穿劍
（五）左上步平擺劍

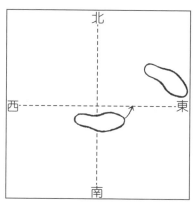

重心前移，左腳向右扣步，上體微右轉。兩手仍不變，劍向右平擺。目視劍尖。

穿劍時要沉胯、擰腰，以腰帶動平擺劍，行步時，左扣腳，右擺腳，保持平穩，共走五步，成一圓形，不要起伏飄浮。

左腿上步為呼氣。

【攻防用意】設對方向我胸部襲來，我即落步用劍向對方穿刺平帶，橫擊對方腰部。

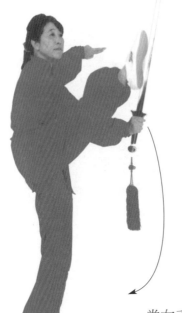

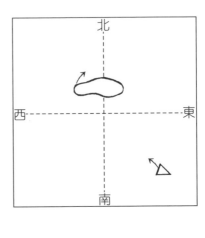

當右手握劍左擺至面前時，重心前移，左腿自然直立；右腳向左向上向右外擺腿。同時右手握劍前臂內旋，經面前使劍尖在頭前上方逆時針向右雲擺；左劍指在左側方，手心朝外。目視劍尖。

向右做劍腕花平雲擺劍，要與外擺腿配合協調，同步完成。外擺腿必須要高於胸。雲劍時不得在頭頂後方。上體不得後仰，不得拱背。

前移重心做雲劍時為吸氣。

【攻防用意】設對方向我頭前刺來一劍，我即用劍引架而後用劍旋腕繞圓，格開來劍，同時用腿法擺踢對方面部和頭部。

第四段
四十、擺腿架劍
(二)右獨立步持劍

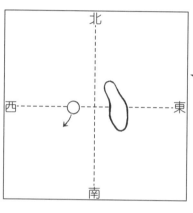

　　擺腿下落至水平時，屈收右小腿，成獨立勢。同時右手握劍屈肘收至左肋前，虎口斜朝左，手心斜朝下；左劍指向上，在面前與右手相合，屈肘附於右腕內側，手心朝下。目視劍的方向。

　　收劍與屈膝抱劍要同時完成，劍指附於右手內側要緊密配合。動作要求連貫，不要拱背、聳肩、收腹。獨立步要求穩。

　　提膝抱劍為呼氣。

【攻防用意】以靜制動。

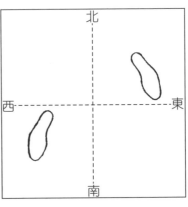

北

西 —— 東

南

先左腿屈膝,右腳向右前方落步,重心前移;然後右腿屈膝,左腿蹬直,成橫擋步。身體微右轉(約30°),同時右手握劍經前向右畫弧抹劍,腕與胸高,手心朝下;左劍指仍附於右臂內側。目視劍身前端。

落步移重心變弓步與落劍畫弧要協調配合。上體不要前傾、拱背,動作不要僵硬。

橫弓步抹劍為吸氣。

【攻防用意】設對方向我腹前刺來一劍,我即用劍平抹將來劍化開。

第四段
四十、擺腿架劍
（四）轉體上架指訣

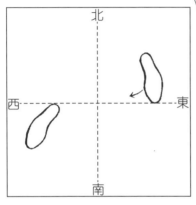

北

西 — — — — — — 東

南

　　左腳跟外蹍，成右弓步，上體微左轉（約30°）。同時右手握劍向右向上舉架於頭前上方，劍尖朝前，手心朝外；左劍指隨右手上舉後經面前指出，指尖朝上，與鼻同高。目視劍指方向。

　　弓步架劍與指尖要協調配合，同步到位。劍和指尖要協調一致，不能斷勁。弓步要虛實分清。

　　轉體上架為呼氣。

　　【攻防用意】設對方向我頭部擊來，我即上架劍格擋，並用劍指擊其喉部和眼睛。

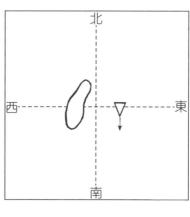

第四段

四一、弓步直刺

（一）提步落劍落指

重心移至右腿，提左腳收至右腳內側而不落地。同時右手握劍經右向下落至右胯旁，虎口朝前，劍尖朝前；左劍指經左向下收至左胯旁，手心朝下，指尖朝前。目視右前方。

提腳與握劍下落、收劍指於胯旁三者應上下協調一致，同步到位。不要塌腰、凸臀和上身前傾。

上步提腳為吸氣。

【攻防用意】以靜制動。

第四段
四一、弓步直刺
（二）上步提劍提指

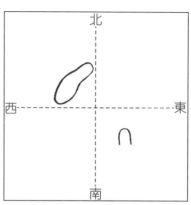

　　左腳向前上步，腳跟著地。同時兩手向上提至腰間，兩手心向內。目視前方。

　　上步與提劍須同時完成。上步時要斂臀，上體要正直舒鬆，不要挺胸。

　　上步提劍為呼氣。

　　【攻防用意】設對方迎面而來，我上步近身以備進攻。

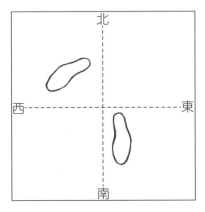

重心前移，左腳掌踏實，屈膝半蹲；右腿自然蹬直，成左弓步。同時右手握劍立刃向前直刺；左劍指在胸前與右手相合，附於右腕內側後向前伸送，手心斜向下。目視前方。

弓步與刺劍要協調一致，身體要自然直立。不要挺腹、凸臀。上步時不要塌腰。

移重心為吸氣，弓步刺劍為呼氣。

【攻防用意】設對方向我身前擊來，我即以劍刺向對方胸部。

第四段

四二、收　勢

（一）後移重心帶劍

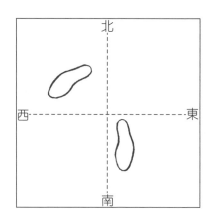

　　身體重心後移，右腿屈膝半蹲，左腿自然伸直，上體右轉（約90°）。同時右手握劍屈肘向右回帶至右胸前；左劍指仍附於右腕隨之右轉，兩手心相對（準備接劍），劍身微貼在左前臂。目視右側方。

　　上體右轉與屈肘回帶劍要協調配合，同步到位。不要塌腰、凸臀，上體要正直，劍貼於肘旁。

　　轉體回帶為吸氣。

　　【攻防用意】以靜制動。

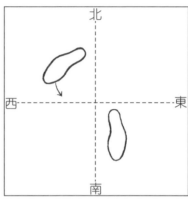

　　上體右轉，左手接劍向下向前擺到左胯旁，手心朝斜後；同時右手變劍指經右後屈肘，托指右後上方。目視劍指。

　　接劍畫弧擺至胯旁與劍指上托須同步到位。身體自然放鬆，雙臂不要僵直。

　　擺劍托背為呼氣。

　　【攻防用意】設對方向我膝部刺來一劍，我即擺劍用劍柄格開來劍，準備用劍指攻擊對方。

第四段

四二、收　勢

（三）右腳上步持劍

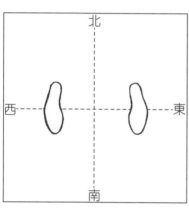

上體左轉，重心前移，右腳上步成平行步。同時右手劍指屈肘下按於胯旁，左手握劍至左側胯旁，劍身豎直貼於左肘，劍尖朝上。目視前方。

上步與按指動作要協調一致。不要弓背、收腹、凸臀，要鬆胯立身。

上步按指為吸氣。

【攻防用意】以靜制動。

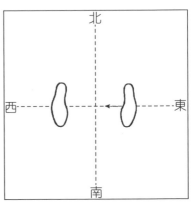

第四段
四二、收　勢
（四）兩腳自然站立

兩腿自然伸直。同肘右劍指經胸前向下落於身體右側胯旁。目視前方。

起身與雙腳自然直立要同時完成。

自然站立為呼氣。

【攻防用意】以靜制動。

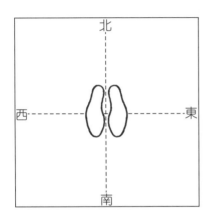

第四段

四二、收　勢

（五）收左腳併步

　　重心右移，左腳向右腳併攏，重心移至兩腿之間，身
體自然站立。兩臂垂於體側。目視前方。

　　收步並立要與移重心配合協調。

　　併步直立為吸氣。

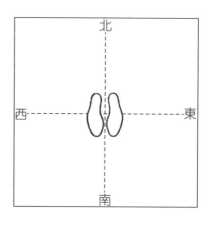

右劍指等併步後自然還原變掌。目視前方。

　　動作要連貫、圓活、緩慢，併步要自然。全身放鬆，深呼氣，神氣歸元。上步併步不要前俯、挺胸、挺腹。

　　還原為呼氣。

【攻防用意】以靜制動。

彩色圖解太極武術

 定價220元

 定價220元

 定價220元

 定價220元

 定價350元

 定價350元

 定價350元

 定價350元

 定價350元

 定價350元

 定價350元

 定價350元

 定價350元

 定價220元

 定價220元

 定價220元

 定價350元

 定價220元

 定價350元

 定價350元

 定價220元

 定價220元

 定價220元

養生保健 古今養生保健法 強身健體增加身體免疫力

醫療養生氣功
定價250元

中國氣功圖譜
定價250元

少林醫療氣功精粹
定價250元

龍形實用氣功
定價220元

魚戲增視強身氣功
定價220元

道家玄牝氣功
定價200元

仙家秘傳祛病功
定價160元

少林十大健身功
定價180元

中國自控氣功
定價250元

醫療防癌氣功
定價250元

醫療強身氣功
定價250元

醫療點穴氣功
定價250元

中國八卦如意功
定價180元

正宗馬禮堂養氣功
定價420元

道家筋經內丹功
定價300元

三元開慧功
定價250元

防癌治癌新氣功
定價180元

禪定與佛家氣功修煉
定價200元

顛倒之術
定價360元

簡明氣功辭典
定價360元

八卦三合功
定價230元

朱砂掌健身養生功
定價250元

抗老功
定價230元

意氣按穴排濁自療法
定價250元

健身祛病小功法
定價200元

張氏太極混元功
定價250元

中國少林禪密功
定價200元

郭林新氣功
定價400元

太極
定價280元

現代原始易功
定價400元

開脈太極
定價300元

道童功
定價300元

太極內功養生法
定價180元

無極養生氣功
定價200元

小周天健康法
定價200元

易筋經
定價350元

洗髓經
定價400元

精功易筋經
定價200元

武當點穴七心活氣功
定價280元

平衡健身法
定價200元

養生導引術
定價180元

養生長壽功
定價200元

太極拳內功養生心法
定價280元

龍拳
定價280元

靜坐要訣
定價200元

健康加油站

糖尿病
預防與治療
定價200元

胃部
定價180元

不孕症治療
定價200元

簡易醫學急救法
定價200元

肥胖
健康診療
定價200元

肝功能
健康診療
定價2

高血壓
健康診療
定價200元

高血糖值
健康診療
定價200元

尿酸值
健康診療
定價200元

膽固醇中性脂肪
健康診療
定價200元

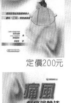

痛風的最新消除法
定價180元

低溫
健康
定價1

手腳
病理按摩
定價180元

B型肝炎
預防與治療
定價180元

吃得更漂亮健康
定價180元

健康與脂肪
定價180元

醫師常見疾病運動療法
定價180元

科學健身改變亞健
定價

簡易萬病自療保健
定價220元

王朝秘藥媚酒
定價180元

立見實效保健操
定價180元

越吃越性福
定價200元

荷爾蒙健康
定價180元

越吃越長
定價2

自我保健鍛鍊
定價180元

斷食促進健康
定價180元

蔬菜健康法
Vegetable
定價200元

水果健康法
Fruit
定價200元

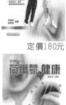
越吃越苗條
定價200元

越吃越聰
EAT & SMA
定價20

全方位健康藥草
定價200元

人體記憶地圖
定價350元

提升免疫力戰勝癌症
CANCER
定價280元

腎臟病
預防與治療
定價230元

怎樣配吃最健康
Eat & Health
定價200元

心臟病腦中風
定價180

科學養生細節
定價350元

由人相診斷健康
定價180元

青春期智慧
定價200元

前列腺健康診療
定價200元

下半身鍛鍊法
定價180元

四高健康診
定價300

健康加油站

定價180元

定價200元

定價200元

定價220元

定價200元

武術武道技術

定價230元

定價500元

定價330元

定價280元

定價280元

定價220元

定價220元

截拳道入門

定價230元

定價230元

定價230元

定價230元

定價230元

定價230元

體育教材

定價550元

定價400元

定價400元

定價280元

定價450元

定價380元

定價300元

定價350元

定價350元

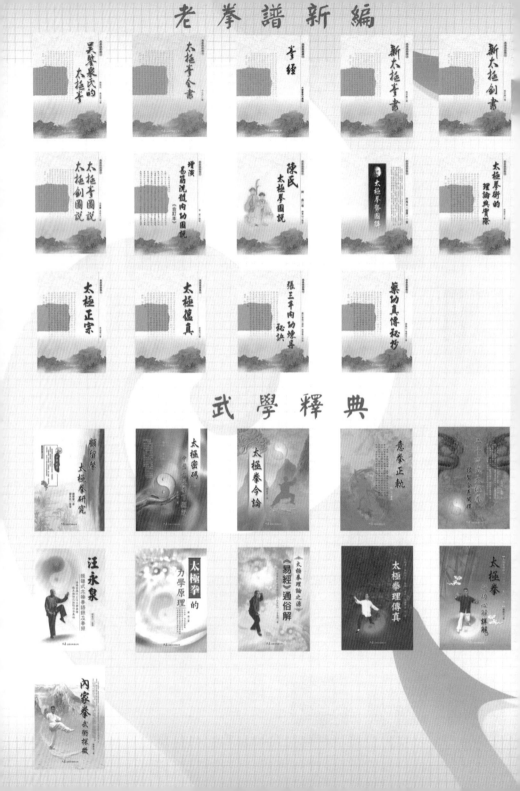

老拳譜新編

吳鑒泉氏的太極拳　太極拳全書　李經　新太極拳書　新太極劍書

太極拳圖說太極劍圖說　增演易筋洗髓內功圖說《合訂本》　陳氏太極拳圖說　太極拳譜圖解　太極拳術的理論與實際

太極正宗　太極蘊真　張三丰內功煉丹秘訣　藥功真傳秘抄

武學釋典

顧留馨太極拳研究　太極密碼中國太極拳百年史探秘　太極拳今論　意拳正軌　二十四式太極拳技擊含義圖解

汪永泉楊健侯太極拳語錄及拳照　太極拳的力學原理　《易經》通俗解太極拳理論之源　太極拳理傳真　太極拳內功心法詳解

內家拳武術探微

運動精進叢書

定價200元

定價180元

定價180元

定價180元

定價220元

定價220元

定價230元

定價230元

定價230元

定價220元

定價230元

定價220元

定價220元

定價300元

定價280元

定價330元

定價230元

定價300元

定價230元

定價280元

定價350元

定價280元

定價280元

定價250元

定價220元

太極武術教學光碟

太極功夫扇
五十二式太極扇
演示：李德印 等
(2VCD)中國

夕陽美太極功夫扇
五十六式太極扇
演示：李德印 等
(2VCD)中國

陳氏太極拳及其技擊法
演示：馬虹(10VCD)中國
陳氏太極拳勁道釋秘
拆拳講勁
演示：馬虹(8DVD)中國
推手技巧及功力訓練
演示：馬虹(4VCD)中國

陳氏太極拳新架一路
演示：陳正雷(1DVD)中國
陳氏太極拳新架二路
演示：陳正雷(1DVD)中國
陳氏太極拳老架一路
演示：陳正雷(1DVD)中國

陳氏太極拳老架二路
演示：陳正雷(1DVD)中國
陳氏太極推手
演示：陳正雷(1DVD)中國
陳氏太極單刀‧雙刀
演示：陳正雷(2DVD)中國

郭林新氣功
(8DVD)中國

本公司還有其他武術光碟
歡迎來電詢問或至網站查詢
電話：02-28236031
網址：www.dah-jaan.com.tw

原版教學光碟

歡迎至本公司購買書籍

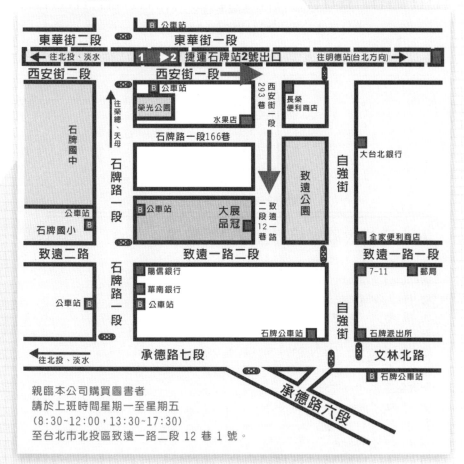

親臨本公司購買圖書者
請於上班時間星期一至星期五
(8：30~12：00，13：30~17：30)
至台北市北投區致遠一路二段 12 巷 1 號。

建議路線
1.搭乘捷運・公車
　　淡水線石牌站下車，由石牌捷運站２號出口出站(出站後靠右邊)，沿著捷運高架往台北方向走(往明德站方向)，其街名為西安街，約走100公尺(勿超過紅綠燈)，由西安街一段293巷進來(巷口有一公車站牌，站名為自強街口)，本公司位於致遠公園對面。搭公車者請於石牌站(石牌派出所)下車，走進自強街，遇致遠路口左轉，右手邊第一條巷子即為本社位置。

　2.自行開車或騎車
　　由承德路接石牌路，看到陽信銀行右轉，此條即為致遠一路二段，在遇到自強街(紅綠燈)前的巷子(致遠公園)左轉，即可看到本公司招牌。

國家圖書館出版品預行編目資料

四十二式太極劍競賽套路分解教學 ／ 徐淑貞　張薇薇　編寫
——初版，——臺北市，大展，2014〔民103.02〕
面；21公分 ——（輕鬆學武術；14）
ISBN 978－986－346－001－5（平裝；附數位影音光碟）
1.劍術
528.974　　　　　　　　　　　　　　　　　102025403

四十二式太極劍競賽套路分解教學 附 DVD

編　　寫／徐淑貞　　張薇薇
責任編輯／邵　梅　陳　軍
發 行 人／蔡森明
出 版 者／大展出版社有限公司
社　　址／台北市北投區（石牌）致遠一路2段12巷1號
電　　話／（02）28236031・28236033・28233123
傳　　眞／（02）28272069
郵政劃撥／01669551
網　　址／www.dah-jaan.com.tw
E - mail ／ service@dah-jaan.com.tw
登 記 證／局版臺業字第2171號
承 印 者／傳興印刷有限公司
裝　　訂／承安裝訂有限公司
排 版 者／弘益電腦排版有限公司
授 權 者／安徽科學技術出版社
初版1刷／2014年（民103年）2月
定　價 ／300元

大展好書　好書大展
品嘗好書　冠群可期